2021年重庆市教育委员会人文社会科学研究规划项目（21SKGH067）

新时代

重庆市体育产业

高质量发展理论与实证研究

王樱桃　梁旭鹏　易　军　著

法律出版社
LAW PRESS·CHINA
北京

图书在版编目(CIP)数据

新时代重庆市体育产业高质量发展理论与实证研究 / 王樱桃，梁旭鹏，易军著. -- 北京 : 法律出版社，2023
ISBN 978-7-5197-7852-1

Ⅰ. ①新… Ⅱ. ①王… ②梁… ③易… Ⅲ. ①体育产业—产业发展—研究—重庆 Ⅳ. ①G812.771.9

中国国家版本馆 CIP 数据核字(2023)第 071164 号

新时代重庆市体育产业高质量发展理论与实证研究
XINSHIDAI CHONGQINGSHI TIYU CHANYE GAOZHILIANG FAZHAN LILUN YU SHIZHENG YANJIU

王樱桃
梁旭鹏 著
易　军

责任编辑 张红蕊
装帧设计 贾丹丹

出版发行 法律出版社
编辑统筹 法规出版分社
责任校对 李争春
责任印制 耿润瑜
经　　销 新华书店

开本 710 毫米×1000 毫米 1/16
印张 12.75 **字数** 205 千
版本 2023 年 6 月第 1 版
印次 2023 年 6 月第 1 次印刷
印刷 北京虎彩文化传播有限公司

地址：北京市丰台区莲花池西里 7 号(100073)
网址：www.lawpress.com.cn
投稿邮箱：info@lawpress.com.cn
举报盗版邮箱：jbwq@lawpress.com.cn

销售电话：010-83938349
客服电话：010-83938350
咨询电话：010-63939796

书号：ISBN 978-7-5197-7852-1　　**定价**：48.00 元

凡购买本社图书，如有印装错误，我社负责退换。电话：010-83938349

前　言

我国进入新时代后，体育产业逐步迈入高质量发展新阶段，特别是进入“十四五”时期，我国体育产业高质量发展推动体育产业成为国民经济支柱性产业的重要路径。根据国家颁布的《“十四五”体育发展规划》落实国家区域发展战略，应推动体育事业协调发展，促使体育产业走出一条“高质量发展”的全新路径。

近几年，随着国家体育产业的相关文件陆续颁布，体育产业高质量发展的深化改革成为当今时代主题和严峻的现实挑战。体育产业作为城市经济重要组成部分的“朝阳产业”发展迅猛，越来越多城市将体育产业作为推动城市经济增长、加快城市建设的重要拉动力。近年来，重庆市人民政府出台了《重庆市人民政府办公厅关于建设体育强市的实施意见》（渝府办发〔2021〕21 号）、《重庆市全民健身实施计划（2021—2025 年）》（渝府发〔2022〕20 号）、《重庆市人民政府办公厅关于印发 2022 年重点民生实事工作目标任务的通知》（渝府办发〔2022〕11 号）等一系列政策文件，目的是为重庆市体育产业高质量发展提供重要保障。截至 2020 年年底，重庆市体育产业总产值高达 541.33 亿元，增加值为 226.37 亿元，占重庆市 GDP 的比重为 0.9%，体育产业将成为重庆市重要的经济增长点。

政府和社会各界对重庆市体育产业的关注度越来越

高,如何有效推动体育产业向高质量发展、迈进一个新台阶成为一个亟须解决的问题。目前,重庆市体育产业发展已小有规模,但与全国高水准发展地区相比,仍存有很大的差距,体育产业高质量发展仍受到许多影响因素制约,如动力机制不够健全、产业有效供给不足、产业政策不完善等。

为此,本书在分析当前我国和重庆市体育产业状况的基础上,一是运用层次分析法构建体育产业集群竞争力评价指标体系,并运用该体系对新时代重庆市体育产业集群竞争力情况进行实证分析。二是对体育产业竞争力的相关理论进行梳理,构建出体育产业区域竞争力的指标体系,对新时代重庆市各区县的体育产业竞争力指标进行实证分析,定量与定性测评重庆市各区县体育产业的竞争力水平。三是从影响重庆市体育产业高质量发展因素出发,充分认识新时代重庆市体育产业高质量发展趋势,发现影响新时代重庆市体育产业高质量发展的潜在威胁和主要动力,运用灰色关联分析方法对新时代重庆市体育产业高质量发展影响因素的关联程度进行实证分析。四是通过对新时代重庆市体育产业动力规律的探索,分析新时代重庆市体育产业高质量发展的动力要素、动力结构、动力系统和动力保障等方面动力机制。基于上述研究,笔者提出提升新时代重庆市体育产业高质量发展的治理路径,以期为新时代重庆市体育产业高质量发展提供决策参考。

目录 Contents

第一章　绪　论

一、研究背景

中国进入新时代后，体育产业逐步迈入高质量发展新阶段，特别是进入“十四五”时期，中国体育产业高质量发展推动体育产业成为国民经济支柱性产业的重要路径。2017年，党的十九大报告中首次提出“高质量发展”一词，表明中国经济由高速增长阶段转向高质量发展阶段。至今恰逢“两个一百年”奋斗目标历史交汇的时刻，体育产业高质量发展成为我国经济发展的新增长点，在我国社会发展尤其是高质量发展中发挥着重要作用。根据《“十四五”体育发展规划》落实国家区域发展战略，应推动体育事业协调发展，促使体育产业走出一条“高质量发展”的全新路径。

近几年，体育产业的相关文件陆续颁布，这也可以看出新时代体育产业高质量发展的深化改革将成为当今时代主题和严峻的现实挑战。体育产业作为城市经济重要组成部分的“朝阳产业”发展迅猛，越来越多城市将体育作为推动城市经济增长、加快城市建设的重要拉动力。重庆市人民政府2021年发布的《重庆市人民政府办公厅关于建设体育强市的实施意见》（渝府办发〔2021〕21号）提到，要将体育强市建设作为主要抓手和现实目标，积极打造现代体育产业体系，推动体育产业高质量发展。同时，重庆市计划深入落实《成渝地区双城经济圈建设规划纲要》,开展两地全民健身运动,促进川渝地区体育发展资源的合理配置和高效集聚。2022 年发布的《重庆市全民健身实施计划(2021—2025 年)》(渝府发〔2022〕20 号),把加快全民健身场地设施建设、落实全民健身场地补短板计划、打造多样化全民健身赛事活动体系作为主要任务,以期满足市民高质量体育生活需求。重庆市体育局发布的《2022 年重庆市体育产业工作要点》明确提出:编制贯彻《重庆市体育发展"十四五"规划》,打造重庆市体育旅游路线,积极申报 2022 年国家体育旅游路线和国家体育旅游示范基地。除此之外,重庆市还发布了《重庆市人民政府办公厅关于印发 2022 年重点民生实事工作目标任务的通知》(渝府办发〔2022〕11 号)。从该文件中,可以了解到重庆市已建成云阳县(云阳北部新区体育公园)、垫江县(垫江县澄溪镇兴澄体育公园)、合川区(合川区隆兴体育公园)等 10 个城市体育公园项目,以九龙坡区(九龙坡区西彭体育公园)为主的大型城市体育建设项目 3 个。这一系列政策文件成为重庆市体育产业高质量发展的重要保障。截至 2020 年年底,重庆市体育产业总产值高达 541.33 亿元,增加值为 226.37 亿元,占重庆市 GDP 的比重为0.9%,体育产业将成为重庆市重要的经济增长点。

进入新时代后,政府和社会各界对重庆市体育产业的关注度越来越高,正有效推动重庆市体育产业向高质量发展阶段迈进,目前重庆市体育产业发展已小有规模,但与全国高水准发展地区相比,仍存有很大的差距,重庆市体育产业高质量发展仍受到许多影响因素制约,如专业人才匮乏、产业有效供给不足、产业政策不完善等。

基于此,作者将对重庆市现有体育产业状况进行分析,梳理体育产业竞争力的相关理论,对新时代重庆市体育产业集群竞争力评价、新时代重庆市各区县体育产业竞争力、新时代重庆市体育产业影响因素,以及新时代重庆市体育产业动力机制等进行研究,充分认识新时代重庆市体育产业高质量发展趋势,提出提升新时代重庆市体育产业高质量发展治理路径,为新时代重庆市体育产业高质量发展职能部门提供决策参考。

二、相关概念界定

(一)体育产业

随着技术革命的兴起,社会生产力水平总体跃升,社会生产分工得以深化,国民经济许多细分的产业部门逐渐形成。传统的产业观念与范畴开始从"物质生产部门"逐步扩展到"以生产和服务为特征的所有部门"。在产业的发展演进过程中,传统的产业结构不断变动,文化、娱乐、教育、体育等都逐步纳入产业体系。

体育产业在发达国家获得了飞速发展,随着世界各国对体育产业的重视程度不断增强,其已经成为发达国家的支柱产业。学者们认为:"体育产业是与竞技体育和大众体育相关的,能够为社会提供基本体育服务供给的相关产业的集合,是吸纳人们参与体育运动、提供观赏性和参与性体育活动、生产相应体育设施的相关产业。"[1]

我国学术、社会各界对体育产业的认识经历了两次比较明显的转折。第一次转折是在 1978 年党的十一届三中全会以后。随着思想意识的进一步解放以及经济建设工作中心的确立,人们对体育经济对国民经济的作用有了全新的认识,开始关注体育的经济功能。人们认识到体育不再是一种单纯的消费活动与福利事业,也是一种生产性事业。第二次转折发生于 1992 年党的"十四大"以后。

1995 年,原国家体委主任在全国体委主任会议上作了《加快体育事业步伐,促进体育事业发展》的报告,提出了体育产业的概念,将其描述为体育本体产业、体育相关产业和体办产业,意即体育产业是一切与体育相关的生产与经营部门的总和。会议上也正式提出了"本体推进,全面发展"的方针,较之过去"以体为主,多种经营"的提法大大地向前迈进了一步;对当时发展体育产业的指导思想和目的,提法是"面向市场,适应市场,走向市场",形成"具有自我造血功能、自我发展活力的新机制",较之过去的"加强体育经济

---

[1] Guangning TANG, *SWOT Analysis on China's Sports Industry and Its Developing Strategy*, 401 Journal of Shenyang Sport University 410(2012).

管理,实现体育经费结构多元化,弥补体育事业经费不足”的提法,有了计划经济向市场经济转变的本质内涵的突破;对体育产业的分类,当时也明确下来,体育产业分主体产业、相关产业和体办产业三大类,从而在理论指导实践的操作上有了遵循。

2015 年,国家统计局颁布《国家体育产业统计分类》,结束了之前模糊不清的分层方式。体育产业 11 大类细分到每项活动,为统计工作指明了方向,也提供了便捷。2019 年年初,国家体育总局颁布了《体育产业统计分类(2019)》,将体育产业定义为:为社会提供各种体育产品(货物和服务)以及和体育相关产品的生产活动的集合。具体分类包括:体育管理活动,体育竞赛表演活动,体育健身休闲活动,体育场地和设施管理,体育经纪与代理、广告与会展、表演与设计服务,体育教育与培训,体育传媒与信息服务,其他体育服务,体育用品及相关产品制造,体育用品及相关产品销售、出租与贸易代理,体育场地设施建设 11 个大类。与 2015 年的分类标准相比,小类增加 19 个,新标准更具权威性和科学性。《体育产业统计分类(2019)》具体构成如表 1－1 所示:

表 1－1　我国体育产业统计分类与层次*

层次	行业大类
体育产业核心层	体育管理活动
	体育竞赛表演活动
	体育健身休闲活动
体育产业外围层	体育场馆服务
	体育中介服务
	体育培训与教育
	体育传媒与信息服务
	其他与体育相关服务
体育产业相关层	体育用品及相关产品制造
	体育用品及相关产品销售、贸易代理与出租
	体育场地设施建设

*根据《体育产业统计分类(2019)》整理所得。

随着学界研究以及商界实践的不断进行,体育产业相关的理论也随着产业理论的发展逐步成熟。综合产业与体育的属性,各界逐渐形成了较为一致的关于体育产业的认识。体育产业是为社会提供体育产品的同一类经济活动的集合以及同类经济部门的综合,从广义上来看,它指包括物质和服务的与体育运动相关的一切生产经营活动;从狭义上来看,它仅仅指“体育服务业”或者“体育事业中既可以进入市场,又可以产生利润的那一部分”。

体育产业是一个具有极强外部正溢出效应的行业,既能给政府财政增收,又能给政府财政减支。一方面,体育产业在健康促进、健康维护方面的功用能有效降低国民的医疗支出,进而降低财政在医保项下的支出;另一方面,作为一个优质的内容产业,体育产业与相关产业融合发展的空间大、契合度高,能有效促进文化、教育、旅游、康养等相关产业的消费升级与市场拓展,自身产业发展与促进相关产业发展的财政增收效应也十分显著。体育产业应独立于体育事业,体育产业具有营利性、市场化的特征,通过市场的手段进行体育资源的配置,以满足大众对体育服务的需求。

(二)高质量发展

2017 年,党的十九大首次提出“高质量发展”,表明中国经济由高速增长阶段转向高质量发展阶段。党的十九大报告将高质量发展描述为更高质量、更有效率、更加公平、更可持续的发展,高质量发展就是能够很好满足人民日益增长的美好生活需要的发展,是体现新发展理念的发展,是创新成为第一动力、协调成为内生特点、绿色成为普遍形态、开放成为必由之路、共享成为根本目的的发展。[1] 党的十九大报告中提出的“建立健全绿色低碳循环发展的经济体系”为新时代高质量发展指明了方向,同时也提出了一个极为重要的时代课题。高质量发展的根本在于经济的活力、创新力和竞争力。而经济发展的活力、创新力和竞争力都与绿色发展紧密相连、密不可分。离开绿色发展,经济发展便因丧失了活水源头而失去了活力;离开绿色发展,

---

〔1〕 参见周文、李思思:《全面理解和把握好高质量发展:内涵特征与关键问题》,载《天府新论》2021 年第 4 期。

经济发展的创新力和竞争力也就失去了根基和依托。绿色发展是我国从高速发展转向高质量发展的重要标志。

2018年3月5日，十三届全国人大一次会议开幕，国务院总理李克强作2018年国务院政府工作报告，提出："按照高质量发展的要求，统筹推进'五位一体'总体布局和协调推进'四个全面'战略布局，坚持以供给侧结构性改革为主线，统筹推进稳增长、促改革、调结构、惠民生、防风险各项工作。"

2020年10月，党的十九届五中全会提出，"十四五"时期经济社会发展要以推动高质量发展为主题，将发展质量问题摆在更为突出的位置，提高发展的质量与效益。质言之，高速发展转变为高质量发展，就是发展理念从"有没有"转变为"好不好"。这是根据我国发展阶段、发展环境、发展条件变化作出的科学判断。我们要以习近平新时代中国特色社会主义思想为指导，坚定不移贯彻新发展理念，以深化供给侧结构性改革为主线，坚持质量第一、效益优先，切实转变发展方式，推动质量变革、效率变革、动力变革，使发展成果更好惠及全体人民，不断实现人民对美好生活的向往。

2021年，恰逢"两个一百年"奋斗目标历史交汇之时。两会期间，习近平总书记接连强调"高质量发展"意义重大。2021年3月5日，李克强总理在2021年国务院政府工作报告中指出："'十四五'时期是开启全面建设社会主义现代化国家新征程的第一个五年。我国发展仍然处于重要战略机遇期，但机遇和挑战都有新的发展变化。要准确把握新发展阶段，深入贯彻新发展理念，加快构建新发展格局，推动高质量发展，为全面建设社会主义现代化国家开好局起好步。"

2021年3月30日，中共中央政治局召开会议，审议《关于新时代推动中部地区高质量发展的指导意见》。

2021年9月14日，《国务院关于推进资源型地区高质量发展"十四五"实施方案的批复》（国函〔2021〕93号），原则同意《国家发展改革委、财政部、自然资源部关于推进资源型地区高质量发展"十四五"实施方案》。

学术界对"高质量发展"的理论及内涵进行了大量深入研究，虽未达成一致清晰的界定，但有以下几点共识：一是发展理念转变为创新、协调、绿色、开放、共享；二是发展目标从追求经济增长向满足人们美好生活需要转变；三是发展动力由传统要素驱动向创新要素驱动转变；四是高质量发展是发展方式、经济结构、经济效率、产品质量等的全面优化，是中国经济发展的升级版。[1] 进言之，高质量发展既强调提质增效，又重视变革。概言之，高质量发展是全方位的变革，不仅是经济方面的质量、效率、动力变革，更是各领域各行业质量、效率的提升和结构的优化，朝着更加合理、科学的方向迈进，最终目的是满足人民美好生活的需要。[2]

（三）体育产业高质量发展

"体育产业高质量发展"由"体育产业＋高质量发展"组合而成，其必然需要满足"高质量发展"的一般性要求，但因我国体育产业历史演进的内在独特性，其高质量发展区别于一般的产业发展而具有特殊性。[3]

2018 年，时任体育总局副局长赵勇在全国体育产业发展大会中首次提出了"体育产业高质量发展"的理念。2019 年 8 月 10 日，国务院办公厅印发的《体育强国建设纲要》（以下简称《纲要》）中明确指出，"体育产业在实现高质量发展上取得新进展"。[4] 高质量发展是我国体育产业在当前时期已确定的发展思路，要坚决执行习近平总书记关于体育的重要指示，贯彻落实国家制定的相关体育政策，坚持和培育体育产业高质量发展的新模式和新动能。2019 年 9 月 4 日，国务院办公厅颁布了《关于促进全民健身和体育消费推动体育产业高质量发展的意见》（国办发〔2019〕43 号），指出要将体育产业推动成为我国国民经济的支柱性产业，要强化体育产业的要素保障、激发体育的市场活力和消费热情。这意味着新时代我国体育产业发展逻辑的动态演变正式迈向更高层次阶段，将用高质量标准替代体育产业发展原有的基础性和关

---

〔1〕 参见黄海燕、康露：《新时代体育产业高质量发展的理论逻辑与实施路径》，载《体育科学》2022 年第 1 期。

〔2〕 参见王晓慧：《中国经济高质量发展研究》，吉林大学 2019 年博士学位论文。

〔3〕 参见黄海燕、康露：《新时代体育产业高质量发展的理论逻辑与实施路径》，载《体育科学》2022 年第 1 期。

〔4〕 陈佩杰：《科技创新助力体育强国建设——〈体育强国建设纲要〉解读》，载《中国体育报》2019 年 9 月 18 日。

键性变量，体育产业发展的质量和效益将越来越受到重视。[1]

高质量发展是一个动态概念，在不同的历史发展阶段其内涵与外延也会有所差异，因此，在不同的发展阶段，体育产业高质量发展的内涵、重点也会存在一定差异。[2] 目前，我国学者对"体育产业高质量发展"还未形成权威性的解释，由于学者们考察的角度和出发点不同，对"体育产业高质量发展"的内涵的界定有相通之处但又各有侧重，主要体现为以下几类：

一是根据政策文件表述对"体育产业高质量发展"作出的延伸性解读。"高质量发展"是我国政策话语体系里的一个新概念和经济发展中的高频"热词"。部分成果或基于党的十九大报告作出的"我国经济已由高速增长阶段转向高质量发展阶段"的重大判断，或根据"必须坚持质量第一、效益优先，以供给侧结构性改革为主线，推动经济发展质量变革、效率变革、动力变革，提高全要素生产率"的定位，或以党和政府出台的各类关于"高质量发展"实施意见的表述为依据，对"体育产业高质量发展"的理论内涵进行综合归纳和拓展延伸。如王雪莉、王钟云等学者认为，从"追求量的增长"向"追求质的提升"转变是体育产业高质量发展的核心[3]；"从数量追求转向质量追赶，从规模扩张转向结构升级，从要素驱动转向创新驱动"是体育产业高质量发展的内涵[4]；兰自力将体育产业高质量发展界定为"生产要素投入低、资源配置效率高、资源环境成本低、经济社会效益好的质量型发展"[5]；薛昭铭等认为，体育产业高质量发展意味着推进民生幸福，通过形成内容创新驱动的经济增长状态和内生性优化产业体系，更好地适应外部

---

[1] 参见黄海燕、康露：《新时代体育产业高质量发展的理论逻辑与实施路径》，载《体育科学》2022年第1期。

[2] 参见张亮：《我国体育产业高质量发展机制研究》，吉林大学2022年博士学位论文。

[3] 参见王雪莉、付群、郑成雯：《中国体育产业高质量发展的现实挑战与路径探索》，载《北京体育大学学报》2020年第1期。

[4] 参见王钟云、张剑利：《健康中国背景下浙江体育产业高质量发展研究》，载《浙江体育科学》2019年第3期。

[5] 兰自力：《我国体育产业高质量发展的若干问题思考》，第十一届全国体育科学大会论文，2019年11月于南京。

经济环境的转向过程状态[1]。基于这一语境的提法与现有政策文本的表述较为接轨,符合高质量发展的共性特征和普遍规律,具有一定的普适意义,但其对体育产业领域的特殊性矛盾和针对性问题的揭示还不够具体。

二是以上位概念为基础对“体育产业高质量发展”作出的从属性定义。作为我国经济转型的新标志,“高质量发展”不仅赋予了经济建设的新意义,也包含了制度、文化、生态等方面的新要求。在这一社会宏观语境下,“高质量发展”的语义和表达更加丰富,并形成了各具特色的界定。如经济发展要持续健康,社会民生要有持续明显的改善,生态文明建设要提供更多优质生态产品,宏观调控要更加强调政策的连续性、稳定性与协同性,以及供给侧结构性改革要不断拓展和深化等。由于“体育产业高质量发展”是“高质量发展”的下位概念,体育界的解释与判别也相应呈现出两者间的从属和递进关系。例如,丁正军、战炤磊等学者认为,体育产业高质量发展是“集约化节约化的生产要素投入、创新驱动的发展动力、环境友好的发展过程”[2];李荣日等从高质量发展的价值含义、效益含义、要素含义和过程含义出发,认为体育产业高质量发展是“民生导向、效益释放、要素引领和协调发展的过程”[3];任波等基于经济效益、生态效益和社会效益考虑,从助力经济发展、适应社会矛盾与促进生态文明建设三个维度展开体育产业高质量发展内涵的分析。以上观点都可视为沿袭“高质量发展”内涵所作出的描述和判定。总之,这个角度的界定遵循的是“属+种差”的定义法,通过逻辑推演揭示事物的特征,符合思维规则的认知规律。但由于理论界对上位概念“‘高质量发展’的理解和认知尚未达成共识”[4],也会相应地影响其下位概念界定的准确性和科学性。

---

[1] 参见薛昭铭、刘东升、马德浩:《体育产业高质量发展系统动力机制模型建构与现实考察》,载《沈阳体育学院学报》2020 年第 2 期。

[2] 丁正军、战炤磊:《新时代我国体育产业高质量发展的综合动因与对策思路》,载《学术论坛》2018 年第 6 期。

[3] 李荣日、刘宁宁:《理论框架与逻辑通路:我国体育产业高质量发展研究》,载《天津体育学院学报》2020 年第 6 期。

[4] 程林林、李秦宇、陈鸥:《我国体育经济“学术流派”的由来与现状解构:兼论中国体育产业的高质量发展》,载《成都体育学院学报》2019 年第 4 期。

三是基于体育产业特征对"体育产业高质量发展"作出的列举式阐述。这种定义方式主要是基于词源语境,从"质量"的词源和语义进行考察,以获得对词项外延的理解和认识,进而结合体育产业的特征进行列举。如徐开娟等认为,体育产业高质量发展是指在新发展理念的指引下,实现体育产业结构高级化、效率最佳化和价值最大化的有机统一,它是体育产业有效性、充分性、协调性、创新性、持续性、分享性和稳定性的综合,是生产要素投入低、资源配置效率高、资源环境成本低、经济社会效益好的质量型发展〔1〕。刘佳昊等认为,体育产业高质量发展是"以提质、扩容、增效为主要内容,其核心内涵包括投入要素的高水平、产业结构的高质量、产品服务的高品质、产业发展的高效益、产业事业的有效协调、体育发展的良好外部性等"〔2〕;郭晗等将体育产业高质量发展的特征界定为"产品供给的高质量、市场主体的高质量、产业融合的高质量、创新驱动的高质量和治理体系的高质量的统一",具体包括"微观供给(优质的产品供给、多元化的市场主体供给)——中观融合(实现与其他产业的融合,更要实现与新型数字技术的融合)——宏观治理(高质量的体育产业要有现代化的体育治理体系为保障)"〔3〕。很显然,这一语境下的概念界定所传达的信息比较清楚、明确,容易获得对体育产业高质量发展的直观认识。但由于列举的权项只是一个有限集合,而非抽象意义上的概括,容易导致定义过宽或定义过窄的逻辑问题。且所有事物的发展都是一个动态的过程,故静态的列举难以准确获得概念的深层次含义,不利于在实践层面找到突破口。

四是结合具体实践问题对"体育产业高质量发展"作出的综合性归纳。概念作为一种抽象性认识活动的工具,是解释客观世界的思维形式;与之对应,实践作为一种对象性物质活动,是改造客观世界的能动性体现。而"问

---

〔1〕 参见徐开娟等:《我国体育产业高质量发展的路径与关键问题》,载《上海体育学院学报》2019年第4期。

〔2〕 刘佳昊、石颖:《深化供给侧结构性改革推动体育产业高质量发展》,载《中国物价》2019年第11期。

〔3〕 郭晗、任保平:《新时代我国体育产业的高质量发展:逻辑生成与路径选择》,载《西安体育学院学报》2020年第3期。

题”是联结两者的桥梁,实践的需要会产生实践的问题,认知的需要也会产生认知的问题。因此,部分学者从“问题”这一根源出发,认为体育产业高质量发展是在整体产业还处于发展不充分、不均衡的阶段背景下,以发展方式、结构、动力的多重转向为途径,实现满足人民美好生活需要的结构高级化、效率最佳化和价值最大化的发展状态。[1] 康露等根据评价实践,以“体育产业效益的最大化”为切入点,将产业结构、生产效率、产业效益、发展动力、产业规模和产业基础视为体育产业高质量发展的核心要素[2];也有学者结合伦理价值、核心要素和驱动机理问题,将体育产业高质量发展界定为“在新发展理念的指引下,能够更好地满足并引领人民真实体育消费需求,遵循市场准则、商业原则和运动项目属性,追求要素体系生态化、产业结构最优化和产品价值最大化的一种发展导向”[3]。应该认识到,高质量发展作为一个不断向好的动态过程,会因满足某种特定需求或完成某一具体目标而随时面临着未知状态,这一未知状态与现实确定性之间的距离或矛盾就是问题的本质。因此,结合实践中存在的矛盾来归纳“体育产业高质量发展”的内涵,体现了学者们鲜明的问题导向意识,也凸显了概念解读的实践语境。

(四)体育产业集群竞争力

学者刘兵、董春华在《体育产业集群形成与区域发展关系研究》一文中指出,体育产业集群是与体育产业完全不同的概念,也根本不是体育企业的简单集聚,其具有明显的时空特征、地域特征、关联特征、生产特征,体现的是规模经济,改善的是体育产业的分工与专业化,是体育产业自适应社会发

[1] 参见丛湖平:《体育产业高质量发展与体育消费升级》,第十一届全国体育科学大会论文,2019年11月于南京。

[2] 参见康露、黄海燕:《新时代体育产业高质量发展指数设计与实证》,载《中国体育科技》2022年第1期。

[3] 刘亮、吕万刚:《新时代我国体育产业高质量发展的理论探赜与问题论域》,载《北京体育大学学报》2021年第7期。

展的内在要求，突出了产业链中间环节的多样与专业。[1] 而刘兵和芮明杰在《专业化分工视角下的体育产业集群发展》一文，根据产业集群的定义给体育产业集群下了这样一个定义：集中在一定区域内，众多具有分工合作关系的不同规模等级的体育服务企业与其发展有关的各种机构、组织等行为主体，通过纵横交错的网络关系紧密联系在一起的空间集聚体[2]。花蕊在《我国体育产业集群的形成及影响因素分析》中提出，体育产业集群是指在一定区域内，体育产业高度集中，并形成体育产业链的成长现象[3]。黄媛梅认为，产业集群竞争力（Competitiveness of industrial cluster）是以产业集群中的各种资产要素（包括企业、资源、基础设施和技术条件等）为基础，以企业间的动态网络结构和动态演进为运行方式，具有培育产业集群创新能力、资源利用能力和对不利因素的规避能力功能的，以提高产业集群整体绩效为目的的持续竞争优势。[4]

从学者的研究来看，体育产业集群的定义并没有太大差别，很多是借助了波特的产业集群概念，然后再拓展。在这些定义的基础之上，结合产业集群的聚集性、专业化、创新性、根植性四大特点和优势给出体育产业集群竞争力的定义。故本书将体育产业集群竞争力定义为：在国际、国内市场竞争中，以体育产业集群的各种资产要素为基础，以企业间的动态网络关系及其层次性递进为运行方式，在体育产业集群内的企业相对于其他单独地区的企业更能有效满足市场需求的能力。

（五）其他概念

科学知识图谱是一种图形，显示科学知识和结构关系的发展，由于它是

---

〔1〕 参见刘兵、董春华：《体育产业集群形成与区域发展关系研究》，载《体育科学》2010年第2期。

〔2〕 参见刘兵、芮明杰：《专业化分工视角下的体育产业集群发展》，载《上海体育学院学报》2009年第2期。

〔3〕 参见花蕊：《我国体育产业集群的形成及影响因素分析》，载《河北体育学院学报》2010年第3期。

〔4〕 参见黄媛梅：《重庆汽车产业集群竞争力研究》，重庆大学2006年硕士学位论文。

以科学知识为计量研究对象的,所以属于科学计量学的范畴。[1] 它是一种将复杂的科学知识领域通过数据挖掘、信息处理、知识计量和图形绘制的图形,以可视化的方式显示科学知识的发展进程与结构关系,揭示科学知识及其活动规律展现的知识结构关系与演进规律。[2]

区域竞争力主要体现在地区资源配置能力和营造竞争优势能力,其实质是地区之间比较生产力的竞争。[3] 根据相关学者对体育产业及区域竞争力的解释和分析,本书提出的体育产业竞争力概念,是指各区域从事围绕着直接作用于消费者的体育服务或劳务的生产经营活动,在人口、经济、体育产业、政府投入等方面的资源配置能力和营造竞争优势能力。

动力机制指的是在一个事物中推动发展变化的构造、功能和原理,或是指一个事物赖以运动、发展、变化的不同层级的推动力量以及它们产生、传输并发生作用的机理和方式。[4] 根据学者对动力机制的解释,本书所提出的体育产业高质量发展动力机制,是指体育产业生产要素投入低、资源配置效率高、资源环境成本低、经济社会效益好,且有效性、充分性、协调性、创新性、持续性、分享性和稳定性等综合的质量型发展的推动力量以及它们产生、传输并发生作用的机理和方式。

三、体育产业高质量发展国内研究综述

(一)体育产业高质量发展研究基本情况

通过中国知网对"体育产业高质量发展"这个主题进行高级检索,筛选出该研究领域的各种文献,再将导出的文献作为参考数据(检索截至时间为2022年4月1日,检索时间段为2018—2022年,剔除文件、报纸以及与本书主题不相关的文献,共筛选出254篇学术论文)。笔者利用科学计量学和文

[1] 参见刘则渊等:《科学知识图谱:方法与应用》,人民出版社2008年版,第23页。

[2] 参见梁秀娟:《科学知识图谱研究综述》,载《图书馆杂志》2009年第6期。

[3] 参见梁树广等:《基于钻石模型的区域制造业质量竞争力评价》,载《统计与决策》2020年第23期。

[4] 参见史喜凤:《四川省体育产业高质量发展动力机制及路径研究》,成都体育学院2021年硕士学位论文。

献计量学等多种方法,适当调整所绘制的图形,借助采集数据在时间域上的纵向对比,分析体育产业高质量发展的研究者之间的合作信息、发文情况、基金分布等基本情况。

1. 文献时间

深入探索相关文献发表量与年份之间的关联,就能借此探索该科研领域的历史进程和发展速度等信息。通过细心观察我国体育产业高质量发展领域的文献时间分布情况,借助 Excel 表将检索得到的数据绘制成图表,可以非常直观地反映专家学者对该领域的关注程度,从而对预测未来的发展态势有非常重要的作用。

通过中国知网可以直观检索到的该领域文献的每年发文量与其对应的发表时间,可以对体育产业高质量发展研究情况有所了解,并可以推断出未来有关该领域研究的文献发展趋势。如图 1－1 所示,自 2018 年起至 2022 年 4 月,2021 年体育产业高质量发展的发表期刊数量达到最高值,为 126 篇。

文献的年度整体折线图显示出持续上升的趋势。从 2018 年的 3 篇文献增加到 2021 年的 126 篇文献,其中,在 2020—2021 年,发表的文献数量迅速增加,仅一年就增加了 60 篇。通过观察近年来的数据,我们发现,发表体育产业高质量发展研究主题的文献数量一直持续上升状态。由于检索该研究领域的文献截至时间为 2022 年 4 月,未到一年的时间,所以结合 2022 年发表的 39 篇文章,也可以预测未来关于该研究领域的文献数量也会是上升趋势。

2018—2021 年的发文数量增长迅速,我国体育产业高质量发展研究领域的发文数量在 2021 年达到最高峰。这与 2017 年 10 月党的十九大首次提出“高质量发展”的新表述,指出中国经济由“高速增长阶段”转向“高质量发展阶段”[1];2018 年 3 月,十三届全国人大一次会议围绕着“高质量发展”,立足“五位一体”的总体布局和“四个全面”的战略布局以及提出深度

---

〔1〕 参见钞小静、薛志欣:《新时代中国经济高质量发展的理论逻辑与实践机制》,载《西北大学学报(哲学社会科学版)》2018 年第 6 期。

推进供给侧结构性改革的总体部署密切相关。[1] 自此,体育产业“高质量发展”这类研究主题逐渐进入人们的视野。

在经济结构持续改善的大背景下,许多传统的竞赛表演、全民健身、健身休闲等体育服务业出现爆发性增长,体育产业从高速发展转向高质量发展。然而,在对我国体育产业高质量发展的文献发文量的统计图中(见图1-1),笔者发现早期学者对体育产业高质量发展进行科学研究的能力仍然有限,体育产业的高质量发展还处于起步阶段。

2018年以前,关于体育产业高质量发展的相关文献甚少。但由于此前与体育产业相关的文献数量整体上呈增长趋势,而且许多主题呈现多元化趋势,再加上国家政策的科学指导,使我国体育产业迎来了高质量发展。正是因为国家政策的支持和资金的供给,许多学者开始将重心从“体育产业发展”投入“体育产业高质量发展”的研究中。通过对近五年筛选出的254篇论文的剖析,再结合国家出台的许多体育政策以及现代数字信息领域的拓展,发现体育产业、高质量发展以及体育消费已经成为该学科的研究课题,这将促使研究我国体育产业的科研学者向高质量发展的研究方向上深入。

总之,2018年以前关于体育产业相关研究的发文量较少,对体育产业高质量发展的发文量更是寥寥无几,但正因为2018—2021年这几年来关于体育产业高质量发展的文献发文量一直处于持续增长趋势,可以预测未来收录在中国知网的与体育产业高质量发展相关的文献质量会越来越高;文献作者的科研素养也会越来越高,这也将延长体育产业高质量发展相关文献持续发表的时间。

---

[1] 参见王雪莉、付群、郑成雯:《中国体育产业高质量发展的现实挑战与路径探索》,载《北京体育大学学报》2020年第1期。

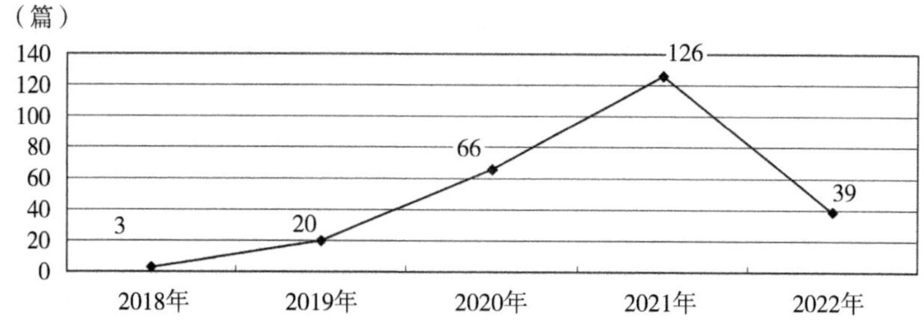

图1－1　我国体育产业高质量发展发表期刊年度分布统计(2018—2022年)

2. 文献基金

基金论文,主要指由国家各级政府部门、各类基金组织和企事业单位提供科研经费而产生的研究论文,它们代表着该研究领域发展的方向和水平,对于基金项目的成果评价、绩效评估等具有重要意义,但目前我国基金资助项目绝大多数的产出以论文为主要形式。[1] 基金项目按不同资助来源,可分为国家自然科学基金项目、中国科学院资助项目、科技部资助项目以及教育部资助项目等。国家、地区和机构资助的研究项目具有一定的创新性和较高的科研价值。因此,对主题为体育产业高质量发展排名前十的基金分布进行统计,能够体现出其发展质量和学术水平,及时发现该研究领域发展过程中的优势和不足,为今后的发展提供重要信息。

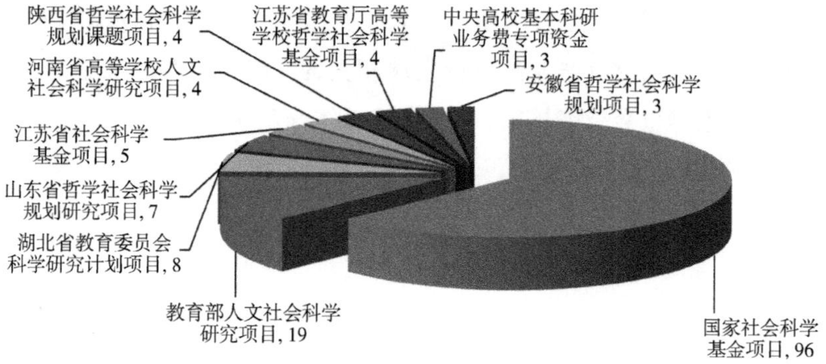

图1－2　体育产业高质量发展排名前十基金分布情况(单位:篇)

[1] 参见苗亚静:《科技论文中基金项目多重标注归因分析及对策研究》,载《宝鸡文理学院学报(社会科学版)》2013年第4期。

由图1－2可知，中国知网收录的以“体育产业高质量发展”为主题的254篇文献中，国家社会科学基金项目数量为96，在该研究领域的基金分布中占比最大；而教育部人文社会科学研究项目为19篇，排名第二，远不及国家社会科学基金项目的数量；湖北省教育委员会科学研究计划项目为8篇，位居第三。其余基金项目分布排名依次是山东省哲学社会科学规划研究项目、江苏省社会科学基金项目、河南省高等学校人文社会科学研究项目、陕西省哲学社会科学规划课题项目、江苏省教育厅高等学校哲学社会科学基金项目、中央高校基本科研业务费专项资金项目、安徽省哲学社会科学规划项目等。

国家社会科学基金项目是国内科学研究领域对基础研究进行支持的主要途径，拥有大量的财政支持，具有较高的权威性、导向性和示范性。在国家社会科学基金的支持下构建的文献会在一定程度上兴旺发展，这是国家社会科学基金文献量较高的原因。教育部人文社会科学研究项目和湖北省教育委员会科学研究计划项目也为提高体育产业高质量发展的学术质量和影响力提供了重要支撑。在今后发文的过程中，应继续从论文的研究深度和学术价值出发，提高该研究领域的学术影响力和整体质量。

3. 文献作者

作者是论文写作的核心主力，能反映该研究领域的实力情况，并且能为以后学者的研究提供借鉴与经验。作者和读者是刊物赖以生存的基础，作者群体的数量、素质、层次将直接影响刊物的质量，知名的刊物都有一支稳定的、高水平的作者队伍。[1] 将254篇收录的文献用Excel表进行统计，得到体育产业高质量发展研究的高频及高中心性排名前十的作者（见表1－2）。在表1－2中，来自上海体育学院的黄海燕教授的发文量最高，为21篇，且在他发表的相关文献中，总被引次数为284次，文献最高被引次数为89次，均排名第一。由此可见，黄海燕教授堪称体育产业高质量发展界的泰斗。而来自武汉体育学院的沈克印教授发表的与体育产业高质量发展主题相关的文献量为13篇，排名第二；在他所发表的文献中，总被引次数超过3位数，

---

〔1〕 参见江国平：《〈体育科学研究〉2015—2020年载文及作者情况分析》，载《体育科学研究》2021年第5期。

为 111 次,说明沈克印教授在该研究领域的贡献不可小觑。排名第三的盐城师范学院任波教授,他在该研究领域发表的文献数量稍少一些,为 11 篇,但是他发表的关于体育产业高质量发展研究的文献总被引次数为 222 次,而且文献最高被引次数同黄海燕教授一样,为 89 次,这说明任波教授虽然在该领域发表的文献数量不多但质量较高,有着较为深远的参考价值。其余作者发文情况如表 1 –2 所示。

表 1 –2　体育产业高质量发展研究高频及高中心性排名前十的作者一览

作者	发文量	文献最高被引次数	文献总被引次数	在职单位
黄海燕	21	89	284	上海体育学院
沈克印	13	43	111	武汉体育学院
任　波	11	89	222	盐城师范学院
张瑞林	5	15	29	山东大学
陈元欣	5	3	5	华中师范大学
王先亮	4	12	18	山东大学
王戬勋	3	41	55	武汉体育学院
康　露	3	6	6	上海体育学院
刘　超	3	1	1	武汉体育学院
刘东锋	3	6	7	郑州大学

表 1 –2 中的在职单位,是指在职发表与体育产业高质量发展研究相关主题论文的学者所属单位,可以通过统计其数量大致了解哪些地区对该研究领域数量较多、兴趣较大以及范围较广。在表 1 –2 中,有 3 位学者是武汉体育大学的教授,说明武汉体育学院团队的科研能力在体育产业高质量发展研究领域具有优越的领先趋势;康露和黄海燕来自上海体育学院,而张瑞林和王先亮来自山东大学,这说明上海体育学院和山东大学体育学院在该研究领域中也作出了卓越的贡献。

通过中国知网对这 10 位学者在该研究领域的研究进行有关检索,发现他们的研究是以体育产业高质量未来发展现状研究为主。如任波教授提出促进体育消费、培育壮大体育市场、加强体育数字化监管、加大财税政策帮扶等对策建议，这对我国体育产业高质量发展进行了深入剖析，并从政治、经济、文化方面对促进我国体育产业的发展作出了相应的建议，所以涉及此方面的研究应该多涉猎任波教授的论文。

相对而言，黄海燕教授在体育产业高质量发展方面的研究涉及的体育产业相对较多，对如何解决我国体育产业高质量发展中存在的问题具有较深厚的见解，其中关于我国体育产业高质量发展的路径与关键问题等文献的被引用次数超过了80次。其余教授也均在体育产业服务数字化、体育用品制造业以及在“双循环”新发展格局下体育产业高质量发展研究等方面多有涉猎，而且每个学者都有自己擅长的领域。

4. 发文机构分布

发文机构分布研究可以反映不同机构对体育产业高质量发研究领域的贡献力和影响力大小。图1－3是在中国知网上收录的体育产业高质量发展的体育类期刊发文机构排名前二十饼状图。整体来看，研究体育产业高质量发展的大多数机构来自一些师范类院校以及体育院校，除此之外还有一些其他机构，如中国社会科学院财经战略研究院。

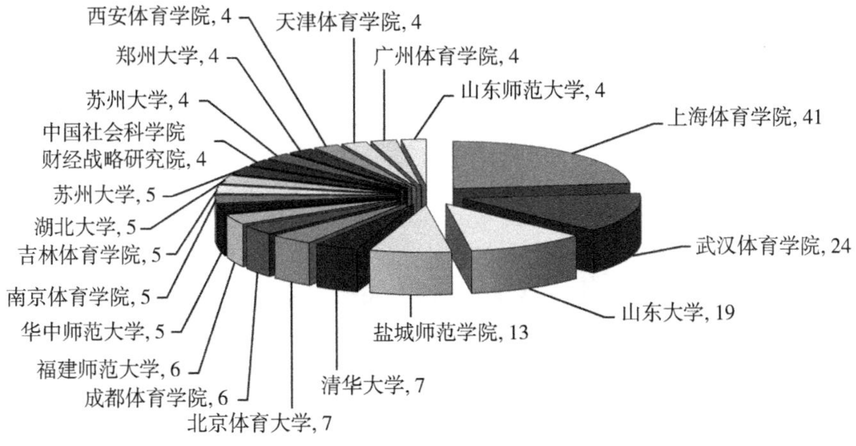

图1－3 中国知网体育类期刊收录的体育产业高质量发展期刊发文机构排名前二十分布（单位：篇）

由图1－3可知，上海体育学院发文量为41篇，排名第一，武汉体育学院以24篇排名第二，山东大学以19篇排名第三，盐城师范学院以13篇排名第四,其余的如图1-3所示。从图1-3可以看出,发文机构有体育类高等院校、师范类院校以及其他高校,研究体育产业高质量发展的核心机构主要在体育类高等院校;上海体育学院和武汉体育学院发文量最多,近年来在体育产业高质量发展方面有较为深入的研究。上海体育学院通过不断开展学科交叉和开放办学,聚集国家重大战略需求,在对接体育事业和产业发展过程中,在体育产学研一体方面也不断探索,走出一条特色之路。武汉体育学院在体育产业的研究领域也有很大的影响力,它不仅是一所在体育院校内具备极强体育专业能力的大学,而且具有很强的文献发表能力。

5. 发文期刊分布

发文期刊分布研究可反映出研究水平,具有一定的研究价值,并为以后作者投稿提供参考。统计分析254篇期刊文献,发现各期刊发文量存在较大差异。通过图1-4可以直观看到,关于体育产业高质量发展的研究,《中体育文化导刊》占24篇,排名第一,说明该刊在该研究领域中贡献较大;其次是占总量15篇的《体育学研究》;排名第三的是占总量12篇的《湖北体育科技》。每种文献期刊所研究的主题不同,各有自己的特色。通过分析图1-4可知,《体育文化导刊》对体育产业高质量发展的研究较多,在该研究领域作出了较大贡献。

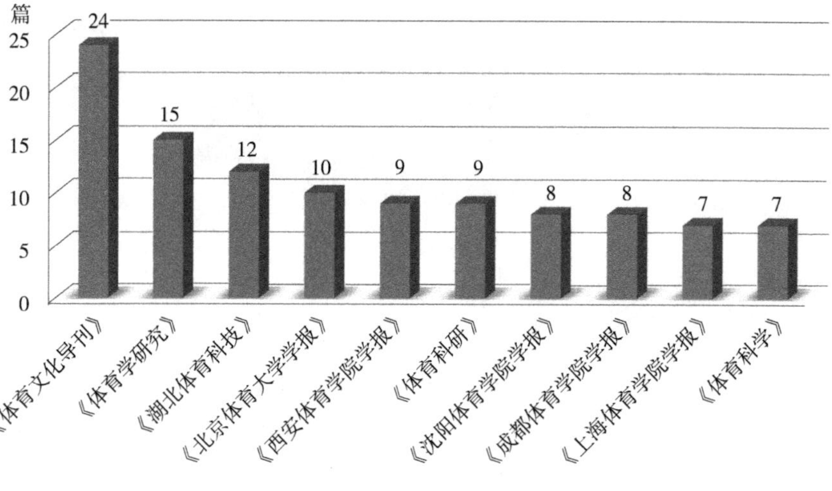

图1-4　中国知网收录我国体育产业高质量发展研究文献排名前十期刊

《北京体育大学学报》和《上海体育学院学报》等均为中国体育类学术期刊创刊较早期刊，由国家体育总局或由其体育学院主办，在国内同类期刊中具有广泛的知名度和影响力。[1] 此类期刊办刊质量高、研究范围广，充分给予了我国体育产业高质量发展的研究者发挥空间。

(二)体育产业高质量发展研究的知识图谱构建

借助由美国陈超美博士开发的CiteSpace V软件，以2018—2022年体育产业高质量发展科学领域的相关研究254篇相关文献组建为数据库，作为CiteSpace V可视化分析的录入数据对象。设置时间跨度为2018—2022年，时区分割为1年，其他参数采用系统默认设置，选择可视化按钮，并对构建出的图谱进行解读。[2] 下文根据软件各个模块中解读获得的相应数据和图谱，基于获得相关数据、知识图谱进行可视化分析，探讨我国体育产业高质量发展领域的研究现状、研究热点、研究特点及研究趋势等。

1. 体育产业高质量发展研究机构知识图谱构建

科研人才大多出自研究机构，研究机构不仅能为大批年轻学子提供良好的科研环境，还能磨炼他们的意志，促使他们成长，此外也能反映他们主要的研究力量分布情况和发展动力。研究机构的共现分析可以明确该领域的研究力量分布及其影响力，得出该领域的重要研究机构。[3] (见表1-3)

表1-3 体育产业高质量发展研究发文量排名前十的科研机构

排序	科 研 机 构	频率	中心性	年份
1	上海体育学院经济管理学院	22	0.11	2018
2	山东大学体育学院	19	0.08	2020
3	武汉体育学院经济与管理学院	17	0.00	2020

[1] 参见胡福金：《武术研究热点可视化分析研究》，山东师范大学2019年硕士学位论文。

[2] 参见余文禄、方园园：《基于知识图谱的我国中小学体育研究领域可视化分析》，载《山东体育科技》2021年第4期。

[3] 参见夏正清、朱建明、杨扬：《基于科学知识图谱的我国全民健身研究热点与趋势分析》，载《山东体育学院学报》2017年第1期。

续表

排序	科 研 机 构	频率	中心性	年份
4	盐城师范学院体育学院	11	0.02	2018
5	武汉体育学院研究生院	11	0.00	2020
6	武汉体育学院体育社会科学研究中心	10	0.00	2020
7	上海体育学院上海运动与健康产业协同创新中心	7	0.02	2019
8	上海体育学院	7	0.00	2019
9	成都体育学院天府国际体育赛事研究院	5	0.03	2019
10	华中师范大学体育学院	5	0.00	2021

在 CiteSpace V 软件中的功能菜单栏，选中参数区中的 Institute（机构）节点，同时保持其他参数不变。根据所需类型的图谱，设置时区分割和参数阈值，最后绘制出地图，获得体育产业高质量发展研究机构合作共现图谱（见图 1－5）。在 CiteSpace V 可视化应用软件中，Q 值是指模块值，S 值是指平均轮廓值，这两个参数值是评价图谱绘制效果的标准。

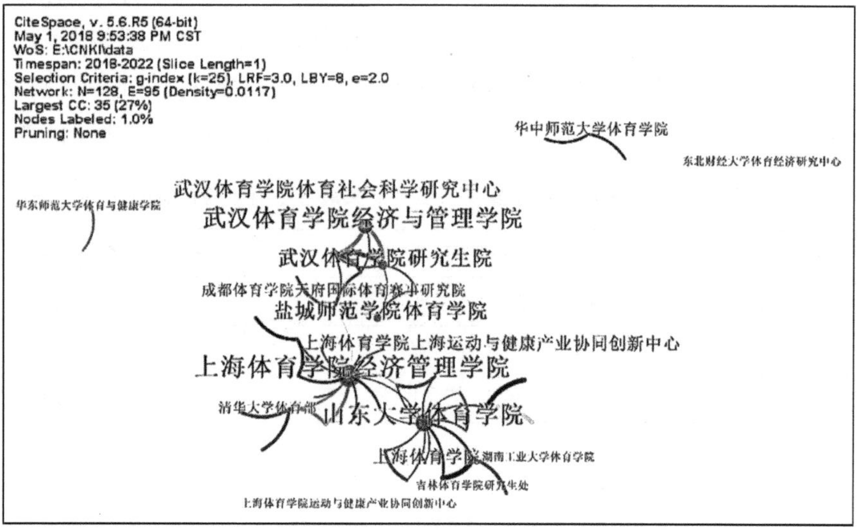

图 1－5　体育产业高质量发展研究机构合作共现图谱

如图 1-5 所示,每个节点代表一个机构,连接两个节点的连线代表机构间的合作关系,线的粗细表示机构之间的合作程度。[1]

从整体上分析,体育产业高质量发展研究的 254 篇文献来自 40 多个科研机构,体育类院校在体育产业高质量发展研究领域具有重要贡献,师范类院校在体育产业高质量发展研究领域具有影响力。由此可知,对体育产业高质量发展的研究呈现繁荣景象。通过文献的中心性来分析,体育类院校在体育产业高质量发展研究方面占据重要位置,相关机构在该研究机构中处于领先地位。

2. 体育产业高质量发展研究作者知识图谱构建

在 CiteSpace V 软件中的功能参数区选择节点 cited author(作者),同时保持其他参数不变,就能得到体育产业高质量发展研究领域的作者共现网络图谱(见图 1-6),再将发文数量统计到 Excel 表,利用表格列举数据对其分析。

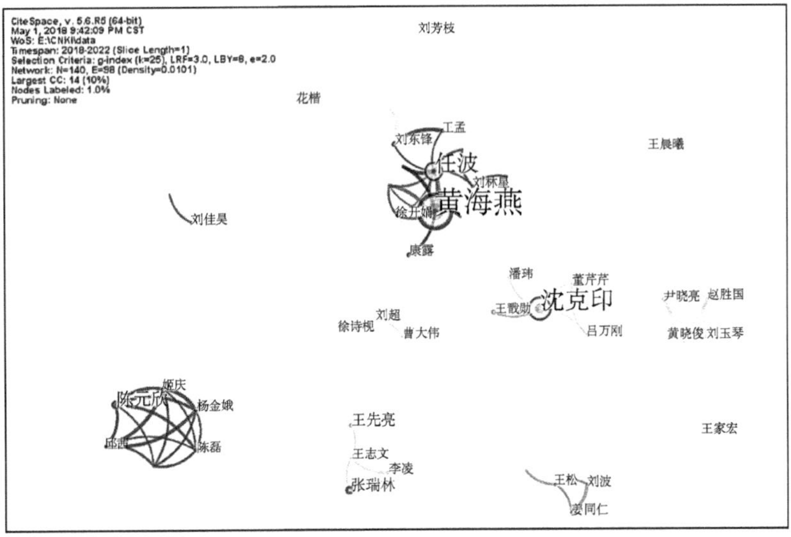

图 1-6 体育产业高质量发展研究作者合作共现图谱

---

[1] 任哲:《基于知识图谱的我国公共体育服务供给研究可视化分析》,载《南京体育学院学报(社会科学版)》2016 年第 5 期。

图1－6是体育产业高质量发展研究作者合作共现网络图谱，是运行可视化应用软件得到的结果。图谱中的N为140，连线数E为98，密度是0.0101，表示在体育产业高质量发展研究作者合作共现图谱中140个作者之间的连线数有98条。节点表示作者，节点越大，即作者发文量越多，作者之间的合作关系由节点间的连续表示，连线的粗细代表作者之间的合作的次数。[1] 图1－6中，名字节点较大的是黄海燕学者，由此可见学者黄海燕是体育产业高质量发展研究领域的拔尖者。另外，作者之间或单位之间的关系可以通过图谱中作者间的连线来表示。从图1－6还能看出存在多个合作较为明显的科研团队，其中包括分别以黄海燕、沈克印、陈元欣、张瑞林为主的合作团队；以学者黄海燕和沈克印为首的团队是体育产业高质量发展研究领域发文量和合作度最高的团队。另外，图谱显示有多数科研作者独自完成论文的撰写。合作与交流较少，说明当前我国体育产业高质量发展的研究作者较为分散；合作次数较少，合作度不高，体现了我国体育产业高质量发展的研究还未达到高潮，目前还处于前期发展阶段。因此，需要加强该研究领域作者之间的合作，做到合理利用资源，使知识相互碰撞，创造出高质量的学术论文。

表1－4中列出的作者在体育产业高质量发展研究领域发文数量排在前十。表中占3位的是武汉体育学院和上海体育学院，占2位的是山东大学，华中师范大学和盐城师范学院各仅占一位。其中，黄海燕老师身为上海体育学院的教授、上海运动与健康产业协同创新中心常务副主任，发文量第一，其体育产业高质量发展研究的范围较广，各个方向都有涉及。从研究作者共现的知识图谱中，能同时看出该领域科研作者个人的情况和科研作者之间合作情况的直观变化。

---

[1] 张毅恒、柳鸣毅：《基于知识图谱的中国体育产业研究可视化分析》，载《中国体育科技》2016年第1期。

表 1-4 体育产业高质量发展科学研究发文量排名前十的作者

排序	姓名	论文数量	中心性	作者单位	年份
1	黄海燕	21	0.01	上海体育学院	2018
2	沈克印	13	0.00	武汉体育学院	2020
3	任 波	11	0.01	盐城师范学院	2018
4	张瑞林	5	0.00	山东大学	2021
5	陈元欣	5	0.00	华中师范大学	2021
6	王先亮	4	0.00	山东大学	2020
7	王戬勋	3	0.00	武汉体育学院	2020
8	康 露	3	0.00	上海体育学院	2022
9	刘 超	3	0.00	武汉体育学院	2021
10	刘东锋	3	0.00	上海体育学院	2022

3. 体育产业高质量发展科研热点及演变图谱构建

关键词是对研究内容的高度概括和凝练，如果关键词出现频率较高，说明该关键词所代表的研究内容得到的关注较多。[1] 如果某个关键词在某研究领域出现的频率很高，则可以说明该研究领域的热点主题。利用 CiteSpace V 可视化应用软件，对我国体育产业高质量发展研究领域在 2018—2022 年发表论文的关键词进行分析，就能得到体育产业高质量发展研究关键词共现图谱（见图 1-7），通过整理、汇总相关数据后又能得到表 1-5。

[1] 参见陈萱、黄春娟：《国外知识可视化研究的现状与启示——基于 Citespace 和 Vosviewer 的知识图谱分析》，载《大学图书情报学刊》2015 年第 4 期。

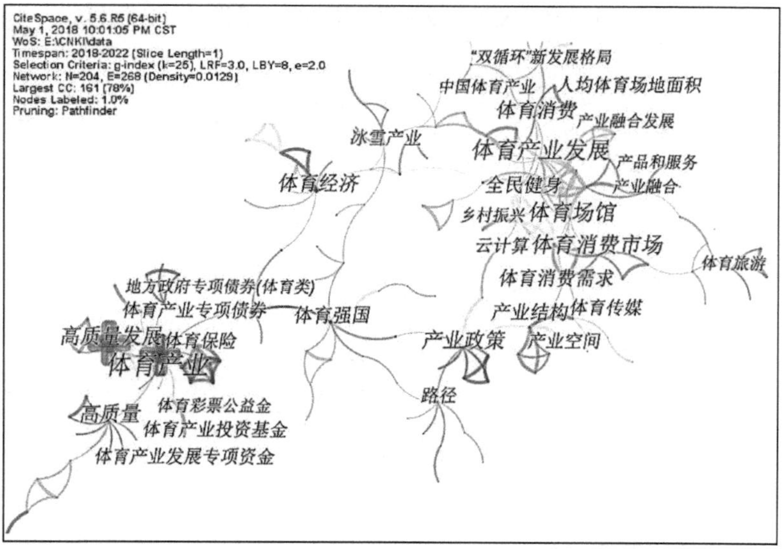

图1-7　体育产业高质量发展研究关键词共现图谱

表1-5　体育产业高质量发展研究高频及高中心性的前十个关键词一览

排序	关键词	频率	中心性	年份
1	高质量发展	173	0.05	2018
2	体育产业	161	0.52	2018
3	体育经济	20	0.31	2019
4	高质量	12	0.19	2019
5	新时代	12	0.53	2018
6	体育消费	12	0.12	2019
7	产业融合	11	0.07	2020
8	路径	9	0.10	2020
9	数字经济	8	0.03	2021
10	冰雪产业	8	0.12	2020

通过表1-5对文献的高频关键词进行分类整理得出：高质量发展、体育产业、新时代等关键词是此类论文的热点，相关性较高，兴起较早；数字经济、产业融合，冰雪产业等关键词是此类文献的低频词，相关性中等，最早在

2020 年开始出现;2018—2022 年体育产业高质量发展研究方面的高频关键词,即研究热点为体育产业、高质量发展、体育经济等。

从图 1－8 可以看出,体育产业高质量发展学科热点的演变趋势以及体育产业高质量发展学科热点的转变。由图 1－8 可知,节点 N＝204,连接线 E＝268,密度 0.0129,此类体育产业高质量发展论文联系紧密,说明近 5 年间的研究热点变化较小。

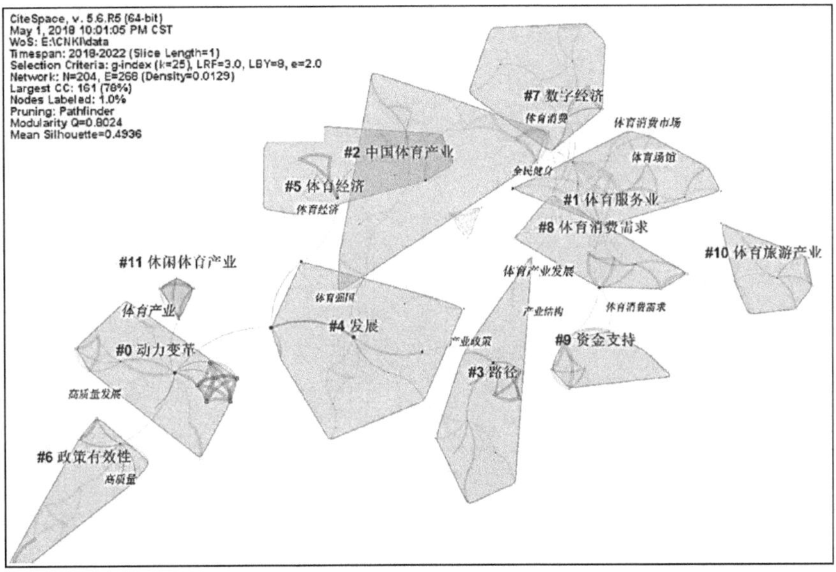

图 1－8 体育产业高质量发展研究关键词聚类图谱

将体育产业高质量发展关键词共现图谱通过(LLR)算法形成关键词聚类图谱,可以使我们更直观地了解该领域的研究热点。CiteSpace V 可视化软件中判断该图谱的聚类效果和结构,是根据 Q 值和 S 值的大小。聚类模块值 Q＝0.8024,Q 值＞0.3 说明划分的聚类结构显著,图谱中 S＝0.4936 表示该聚类结果趋于合理。[1] 图 1－8 中聚类的规模越大,则编号越小,总共形成 12 个有意义的聚类,分别为#0 动力变革、#1 体育服务业、#2 中国体育产业、#3 路径、#4 发展、#5 体育经济、#6 政策有效性、#7 数字经济、#8 体

〔1〕 参见陈悦等:《CiteSpace 知识图谱的方法论功能》,载《科学学研究》2015 年第 2 期。

育消费需求、#9 资金支持、#10 体育旅游产业、#11 休闲体育产业。关键词聚类图谱中有多个聚类重叠，提示该部分聚类间联系紧密，即体育产业高质量发展相关研究虽各有差异，但主题集中。

4. 体育产业高质量发展科研热点时区图谱构建

运用 CiteSpace V 软件中“时区视角”功能，以一年为时间切片进行可视化分析，将关键词共现图谱转换为 Time Zone 时区图（见图 1－9），结合时区图可以更为清晰地观察体育产业高质量发展相关研究随时间流向的发展动态。

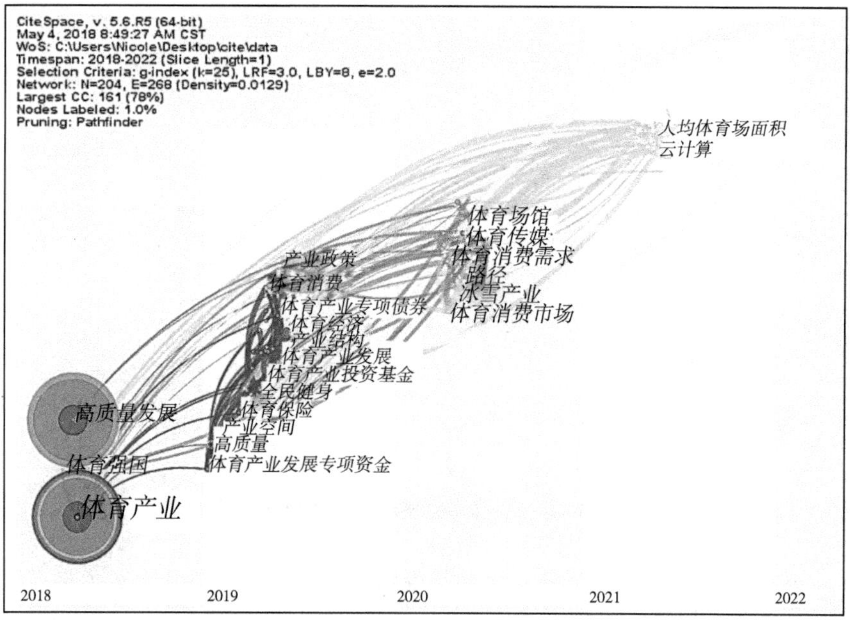

图 1－9　体育产业高质量发展研究热点时区图谱

从图 1－9 可以看出，体育产业高质量发展研究热点时区图谱中有两个较大的圆圈，分别是体育产业和高质量发展，说明在 2018 年这两个关键词是最新的研究主题。在 2018 年由于“体育产业高质量发展”热潮刚兴起，许多科研学者对该领域的关注度较高，衍生出很多与体育产业高质量发展相关的新关键词，如体育强国、产业政策、全民健身、体育保险、体育场馆等，对此后该领域的研究和发展做了铺垫。

第二章　我国和重庆市体育产业发展状况

一、我国体育产业发展状况

（一）计划经济阶段（1978 年以前）

在 1978 年以前，我国处于计划经济环境下。体育产品和服务的属性均为“公共制产品”，由国家政府按照“计划”进行供给。这一时期，我国政府体育财政支出的主要方向是体育场馆及其他基础设施建设，并以“举国体制”为特点，将主要财政力量投入竞技体育。这一时期我国的竞技体育得到了飞速的发展，但是群众性体育需求受到抑制。“体育产业”的概念，并未得到社会的认可。[1]

（二）萌芽阶段（1978—1992 年）

党的十届三中全会召开以后，工作重点转移到经济发展上。与此同时，我国实行改开放的政策也对体育事业的恢复和发展起到了决定性的推动作用。体育事业得以发展，发生了明显变化。体育体制改革提上日程，主要围绕政府所有的体育场馆和运动队资源进行布局，主张体育场馆的多种经营。

---

〔1〕 张峻賁：《促进体育产业高质量发展的财政政策研究》，江西财经大学 2021 年博士学位论文。

1978—1980 年连续 3 年的全国体育工作会议重点讨论了新时期体育发展战略问题,最终提出了指导今后体育工作的基本经验,即要正确处理体育与政治、体育与经济、普及与提高、学习与创新四个方面的关系。1984 年 9 月,原国家体委提出,"我国体育已日趋社会化,以国家办体育为主的同时,社会团体、集体以及个人都可以积极兴办体育事业"。这一阶段并不是完全意义上的市场化,但已经开始体育经营活动的初步尝试,出现体育产业的业态萌芽。这一时期,我国体育产业与体育事业的界限并不清晰,主要还是受计划经济的影响。

1985 年 8 月,在全国体育发展研讨会上,提出"体育事业属于第三产业,是体育改革的理论依据之一"。这一思想的确立,对发展体育事业的行为方式产生了深刻的影响。为落实党的十三大会议精神,在体育管理部主要负责人的讲话中第一次出现"积极兴办体育产业,发展与体育有关的产业,使之逐步发展为国民经济中的支柱之一"的提法。

20 世纪 80 年代后期至 90 年代,我国受国外的影响日益增大,国内关于体育的市场化的呼声越来越高,此段时期,事业型和企业型的体育产业混合型成为主流。1978—1991 年,我国体育产业总产值达到 17 亿元人民币。体育产业逐渐发展,不断满足着人们压抑了数十年的需求,并且以健康、娱乐、表演为主的体育服务业有了一定的发展。这一时期,虽然体育事业发展萌生了"市场化"变化,但社会对于体育产业这种"非公有"产业的认可程度还不高,体育产业的发展仍然比较缓慢。

(三)探索阶段(1992—2000 年)

1992 年邓小平同志南方谈话和党的十四大之后,中国体育改革的方向按照社会主义市场经济的要求和现代体育发展规律来探索中国特色的体育发展道路。1992 年 10 月,党的十四大召开,根据"我国经济体制改革的目标是建立社会主义市场经济"的要求,在南京全国体委主任座谈会上,提出"深化体育改革,建立与社会主义市场经济体制相适应的新的体育体制大计,加速体育的产业化"。邓小平同志南方谈话和党的十四大精神,为 20 世纪 90

年代体育改革的进一步深化指引了方向。

国家于 1993 年颁布了《国家体委关于深化体育改革的意见》《国家体委关于培育体育市场、加快体育产业化进程的意见》，于 1995 年颁布了《体育产业发展纲要（1995—2010 年）》。这些政策文件的核心点均在于推动体育“产业化”发展，不仅明确了体育产业的内容，也对未来体育产业发展的方向作出了指示。我国足球甲级联赛在 1994 年正式启动，这成为我国竞技体育产业化发展的重要标志。

随着体育社会化对全社会的影响，体育产业表现出良好发展前景。至 20 世纪末，我国的体育产业初步成型，开始形成包括体育竞赛表演市场、健身娱乐市场、体育用品市场、体育无形资产市场、体育技术培训与咨询市场、体育旅游市场等在内的产业体系。

（四）起步阶段（2000—2012 年）

2001 年 7 月 13 日，在国际奥委会第 112 次会议上，北京赢得了第 29 届夏季奥运会的举办权。一系列利好政策随之而来，民众对于体育的热情空前高涨，极大促进了体育消费。2006 年《体育产业“十一五”规划》明确我国体育产业发展目标。2008 年，我国成功举办奥运会，奥运会对体育产业的发展带来重大机遇；在赛事效应的带动下，体育服务业得到了快速的发展，我国初步构建了面向大众以服务消费为主的体育市场体系，体育产业进入黄金发展期。

2011 年 4 月，为了进一步贯彻落实《国务院办公厅关于加快发展体育产业的指导意见》（国办发〔2010〕22 号，以下简称《指导意见》），充分发挥体育产业在调结构、促转型、惠民生等方面的积极作用。依据《国民经济和社会发展第十二个五年规划纲要》和《体育事业“十二五”规划》，国家体育总局制定并印发《体育产业“十二五”规划》。《体育产业“十二五”规划》指出：“十一五”期间，在国家经济社会以及体育事业快速发展的大背景下，我国体育产业乘势而上，规模不断扩大，呈现出较快的发展态势。

这一时期，体育产业规模不断扩大。根据现有数据，2006 年体育产业增加值为982.89亿元,2008年全国体育产业从业人员达到317万人,实现增加值1555亿元,较2007年增长16%,明显快于国内GDP的增长速度。体育彩票销量持续增长,“十五”期间共实现销售额2428亿元,提取公益金728亿元。到2012年该指标已增至3135.95亿元,总增长率为219.05%。体育产业增加值增速喜人,2007—2012年增速均超过GDP增速。同时,体育产业经济贡献度不断提高,增加值占GDP比例由2006年的0.45%增加至2012年的0.58%,具体如表2-1所示。

表2-1 2006—2012年体育产业规模相关数据*

年份	2006	2007	2008	2009	2010	2011	2012
增加值(亿元)	982.89	1265.23	1554.97	1835.93	2220.12	2689.06	3135.95
增速(%)	—	28.73	22.90	18.07	20.93	21.12	16.62
占GDP比重(%)	0.45	0.48	0.49	0.53	0.54	0.55	0.58
GDP增速(%)	—	23.08	18.20	9.17	18.25	18.40	10.38

*GDP数据来源于国家统计局网站且采用名义GDP,体育产业增加值数据来源于国家体育总局体育经济司公布的《新中国体育产业工作发展研究》,其余数据为笔者计算所得。参见国家体育总局体育经济司:《新中国体育产业工作发展研究》,载《体育文化导刊》2019年第10期。

(五)发展阶段(2012年至今)

2012年党的十八大以来,随着体育产业在国民经济发展和人民生活中的重要性日益突出,一系列国家层面发展体育产业的相关文件相继出台。国家自2016年开始频频发布体育产业发展相关文件,相关文件的出台让体育产业在我国经济高质量发展中发挥重要作用,体育产业成为国民经济支柱性产业,具体如表2-2所示。

表 2－2　2016—2021 年国家层面体育产业政策主要文件

序号	发布时间	发布部门	政策名称	重点内容解读
1	2016 年 4 月	国家发展改革委、国务院足球改革发展部际联席会议办公室、国家体育总局、教育部	《中国足球中长期发展规划（2016—2050 年）》	到 2020 年，全国特色足球学校达到 2 万所，中小学生经常参加足球运动人数超过 3000 万人。全国足球场地数量超过 7 万块，使每万人拥有 0.5－0.7块足球场地。
2	2016 年 5 月	国家发展改革委、国家体育总局、教育部、国务院足球改革发展部际联席会议办公室	《全国足球场地设施建设规划（2016—2020 年）》	到 2020 年，全国足球场地数量超过 7 万块，平均每万人拥有足球场地达到 0.5 块以上，有条件的地区达到 0.7 块以上。足球设施的利用率和运营能力有较大提升，经济社会效益明显提高，初步形成布局合理、覆盖面广、类型多样、普惠性强的足球场地设施网络。
3	2016 年 5 月	国家体育总局、国家旅游局	《关于推进体育旅游融合发展的合作协议》	体育旅游基础设施和配套服务设施不断完善，发展环境进一步优化，初步构建起我国体育旅游产业体系。到 2020 年，体育旅游人数达到旅游总人数的 10%，体育旅游总消费规模达 5000 亿元；在全国建成一批国家级和省级体育旅游示范基地，培育出一些具有国际知名度和市场竞争力的体育旅游企业和知名品牌。
4	2016 年 6 月	国务院	《全民健身计划（2016—2020 年）》	到 2020 年每周参加一次及以上的体育锻炼人数达到 7 亿、经常参加体育锻炼的人数达到 4.35 亿、体育消费总规模达到 1.5 万亿元。

续表

序号	发布时间	发布部门	政策名称	重点内容解读
5	2016年7月	国家体育总局	《体育产业发展“十三五”规划》	“十三五”期间主要任务是优化市场环境、培育多元主体、提升产业能级、扩大社会供给和引导体育消费。其发展目标包括：一是产业总量进一步增长，体育产业总规模超过3万亿，从业人员数超过600万人，产业增加值在国内GDP中的比重达1.0%。二是产业体系进一步完善，体育产业各门类协同融合发展，产业组织形态更加丰富，产业结构更加合理，体育产品和服务供给充足，层次多样，体育服务业增加值占比超过30%。三是市场主体进一步壮大，建设50个国家体育产业示范基地、100个国家体育产业示范单位和100个国家体育产业示范项目。四是产业基础进一步夯实。体育消费额占人均居民可支配收入比例超过2.5%。五是产业环境进一步优化，机制体制活力进一步增强，相关政策措施进一步完善。
6	2016年8月	国家体育总局	《竞技体育“十三五”规划》	要以足球改革为龙头，加强对足、篮、排三大球等运动项目的研究和重点扶持。研究制定在国内竞赛、人才交流、体教结合、奖励机制、后备人才、基地建设等方面对三大球项目的倾斜政策。
7	2016年10月	中共中央、国务院	《“健康中国2030”规划纲要》	到2030年，健康服务业总规模将达16万亿，经常参加体育锻炼人数达到5.3亿人，确保学生校内每天体育活动时间不少于1小时，实现每千人拥有社会体育指导员2.3名。

续表

序号	发布时间	发布部门	政策名称	重点内容解读
8	2016年12月	国家旅游局、国家体育总局	《关于大力发展体育旅游的指导意见》	要坚持市场主导、政府扶持；坚持消费引领，培育主体；坚持强化特色、打造品牌；坚持加强监管、规范发展，加快形成结构合理、门类齐全、功能完善的体育旅游产业体系和产品体系。到2020年，在全国建成100个具有重要影响力的体育旅游目的地，建成100家国家级体育旅游示范基地，推出100项体育旅游精品赛事，打造100条体育旅游精品线路，培育100家具有较高知名度和市场竞争力的体育旅游企业与知名品牌，体育旅游总人数达到10亿人次，占旅游总人数的15%，体育旅游总消费规模突破1万亿元。
9	2019年1月	国家体育总局、国家发展改革委	《进一步促进体育消费的行动计划（2019—2020年）》	到2020年，人民群众的体育消费观念显著提升，体育消费习惯逐步养成，体育消费设施更加完善，体育消费环境更加优化，体育消费产品和服务供给更加丰富，体育消费政策更加健全。全国体育消费总规模达到1.5万亿元，人均体育消费支出占消费总支出的比重显著上升，体育消费结构更为合理。
10	2019年9月	国务院办公厅	《关于促进全民健身和体育消费推动体育产业高质量发展的意见》	强化体育产业要素保障，激发市场活力和消费热情，推动体育产业成为国民经济支柱性产业，让经常参加体育锻炼成为一种生活方式。

续表

序号	发布时间	发布部门	政策名称	重点内容解读
11	2020年1月	国家体育总局	《体育赛事活动管理办法》	除了使用“世界”“国际”“亚洲”“中国”“全国”“国家”等字样的特定赛事,体育总局对体育赛事活动一律不作审批,地方体育部门应当按照国务院、地方人大和政府的相关规定,减少体育赛事活动审批;对保留的审批事项,不断优化服务。体育赛事活动的名称、标志、举办权、赛事转播权和其他无形资产权利受法律保护,主办方和承办方可以进行市场开发,依法依规获取相关收益,任何组织和个人不得侵犯。
12	2020年10月	国务院办公厅	《关于加强全民健身场地设施建设发展群众体育的意见》	争取到2025年,有效解决制约健身设施规划建设的“瓶颈”问题,相关部门联动工作机制更加健全高效,健身设施配置更加合理,健身环境明显改善,形成群众普遍参加体育健身的良好氛围。明确提出完善顶层设计、挖掘存量建设用地潜力、提升建设运营水平和实施群众体育提升行动四个方面政策举措。
13	2021年2月	国家体育总局、国家发展改革委	《关于加强社会足球场地对外开放和运营管理的指导意见》	要求社会足球场保障使用功能、确保开放时间。鼓励各地依托已建社会足球场地,因场办赛,广泛开展足球赛事活动,强调社会足球场地优先保证用于开展足球活动,严禁任何单位或个人擅自改变政府投资和享受政府补助的社会足球场地的功能。
14	2021年8月	国务院	《全民健身计划(2021—2025年)》	到2025年,全民健身公共服务体系更加完善,人民群众体育健身更加便利,健身热情进一步提高,各运动项目参与人数持续提升,经常参加体育锻炼人数比例达到38.5%,县(市、区)、乡镇(街道)、行政村(社区)三级公共健身设施和社区15分钟健身圈实现全覆盖,每千人拥有社会体育指导员2.16名,带动全国体育产业总规模达到5万亿元。

2014—2017 年,我国体育产业的总规模从 1.36 万亿元发展到 2.20 万亿元,年均增速基本保持在 18% 左右,不但远远超过这一时期国民经济的增长速度,也比 2006—2013 年体育产业年均 16% 的增速更快。同时,体育产业的增加值从 2014 年的 4040 亿元,提升到 2017 年的 7800 亿元,年均增长 19%,体育产业增加值占我国 GDP 的比重从 0.64% 提升到 0.94%。到 2019 年,体育产业总规模增至 2.95 万亿元,年均增速达 16.89%。2020 年受疫情影响,与 2019 年相比,总产出下降 7.2%,增加值下降 4.6%(见表 2-3)。2021 年 10 月 25 日,国家体育总局印发《"十四五"体育发展规划》,提出体育产业总规模发展目标为 5 万亿元。

表 2-3　2014—2020 年体育产业总规模*

指标(年)	2014	2015	2016	2017	2018	2019	2020
总规模(万亿元)	1.36	1.71	1.90	2.20	2.66	2.95	2.74
占 GDP 比重(%)	2.11	2.48	2.55	2.64	2.89	2.98	2.78

* 数据来源于国家体育总局网。

表 2-4 显示了 2014—2020 年体育产业结构变化情况。研究发现,体育服务业增加值从 2014 年—2020 年处于一个上升状态,到 2020 年体育服务业增加值为 7374 亿元,占体育产业增加值的比重为 68.7%,比 2019 年提高 1.0 个百分点;体育用品及相关产品制造增加值为 3144 亿元,占体育产业增加值的比重为 29.3%,比 2019 年下降 1.1 个百分点;体育场地设施建设增加值为 217 亿元,占体育产业的比重为 2.0%,比 2019 年提高 0.1 个百分点。虽然因新冠肺炎疫情影响,体育用品制造增加值有所下滑,但近几年整体体育产业结构较为合理化。

表 2-4　2014—2020 年体育产业结构相关数据*

指标(年)	2014	2015	2016	2017	2018	2019	2020
体育服务业增加值(亿元)	1357.2	2703.6	3560.6	4448.6	6530	7615.1	10735
体育服务业占比(%)	33.59	49.21	54.99	56.95	64.79	67.70	76.15

续表

指标(年)	2014	2015	2016	2017	2018	2019	2020
体育用品制造业增加值(亿元)	2547	2755.5	2863.9	3264.6	3399	3421	3144
体育用品制造业占比(%)	63.03	50.15	44.23	41.79	33.73	30.41	22.30
体育建筑业增加值(亿元)	136.8	35.3	50.3	97.8	150	211.9	217
体育建筑业占比(%)	3.39	0.64	0.78	1.25	1.49	1.88	1.55

*数据来源于国家体育总局网站。

我国进入新时代后,体育产业横跨第二、第三产业。虽然多数具体行业部门属于第三产业的范畴。但我国体育产业中属于第二产业范畴的体育用品及相关产品的制造仍占有较大比例。近年来,上述三大行业产出占比虽有所下降,但比重依然超过半数。

2018年从体育产业内部结构来看,体育服务业保持良好发展势头,增加值为6530亿元,在体育产业中所占比重达到64.8%,比上年有所提高;其中体育用品及相关产品销售、出租与贸易代理规模最大,增加值为2327亿元,占全部体育产业增加值比重为23.1%。体育用品及相关产品制造的增加值为3399亿元,占全部体育产业增加值比重为33.7%。体育场地设施建设的增加值为150亿元,占全部体育产业增加值比重为1.5%,如表2-5所示。

表2-5　2018年全国体育产业产出情况*

分类名称	总量(亿元)		结构(%)	
	总产出	增加值	总产出	增加值
体育产业	26,579	10,078	100.0	100.0
体育服务业	12,732	6530	47.9	64.8
体育管理活动	747	390	2.8	3.9
体育竞赛表演活动	292	103	1.1	1.0

续表

分类名称	总量(亿元)		结构(%)	
	总产出	增加值	总产出	增加值
体育健身休闲活动	1028	477	3.9	4.7
体育场馆服务	2632	855	9.9	8.5
体育中介服务	317	106	1.2	1.1
体育培训与教育	1722	1425	6.5	14.1
体育传媒与信息服务	500	230	1.9	2.3
其他与体育相关服务	4116	2327	15.5	23.1
体育用品及相关产品制造	1377	616	5.2	6.1
体育用品及相关产品销售、贸易代理与出租	13,201	3399	49.7	33.7
体育场地设施建设	646	150	2.4	1.5

*数据来源于国家体育总局网。

2019年从体育产业的内部结构来看(见表2-6),体育服务业发展势头增强,增加值为7615亿元,在体育产业中所占比重增加到67.7%,比上年提高2.9个百分点。其中,体育用品及相关产品销售、出租与贸易代理规模最大,增加值为2562亿元,占全部体育产业增加值的比重为22.8%;体育健身休闲活动发展最快,保持了近年来的高位增长,增加值现价增长速度达到74.4%。体育相关基础设施建设蓬勃发展,体育场地设施建设实现增加值212亿元,现价增长速度达41.7%,占全部体育产业增加值比重为1.9%。

表2-6　2019年全国体育产业状况*

分类名称	总量(亿元)		结构(%)	
	总产出	增加值	总产出	增加值
体育产业	29,483.4	11,248.1	100.0	100.0
体育服务业	14,929.5	7615.1	50.6	67.7
体育管理活动	866.1	451.9	2.9	4.0
体育竞赛表演活动	308.5	122.3	1.0	1.1

续表

分类名称	总量(亿元)		结构(%)	
	总产出	增加值	总产出	增加值
体育健身休闲活动	1796.6	831.9	6.1	7.4
体育场地和设施管理	2749.9	1012.2	9.3	9.0
体育经纪与代理、广告与会展、表演与设计服务	392.9	117.8	1.3	1.0
体育教育与培训	1909.4	1524.9	6.5	13.6
体育传媒与信息服务	705.6	285.1	2.4	2.5
其他体育服务	1700.2	707.0	5.8	6.3
体育用品及相关产品制造	13,614.1	3421.0	46.2	30.4
体育用品及相关产品销售、出租与贸易代理	4501.2	2562.0	15.3	22.8
体育场地设施建设	939.8	211.9	3.2	1.9

*数据来源于国家体育总局网。

如表2-7所示,2020年的体育产业总产出中,从增长速度来看,受新冠肺炎疫情影响,多数体育产业类别增加值出现下降;其中,与2019年相比,体育场地和设施管理增加值下降20.2%,体育经纪与代理、广告与会展、表演与设计服务下降16.9%,体育用品及相关产品制造下降8.1%。以非接触性、聚集性、管理活动为主的体育服务业增加值保持增长;其中,增速最高的是体育传媒与信息服务,增长18.9%,其次是体育教育与培训,增长5.7%。

表2-7 2020年全国体育产业状况*

分类名称	总量(亿元)		结构(%)	
	总产出	增加值	总产出	增加值
体育产业	27,372	10,735	100.0	100.0
体育服务业	14,136	7374	51.6	68.7
体育管理活动	880	459	3.2	4.3
体育竞赛表演活动	273	103	1.0	1.0
体育健身休闲活动	1580	736	5.8	6.9

续表

分类名称	总量(亿元)		结构(%)	
	总产出	增加值	总产出	增加值
体育场地和设施管理	2149	808	7.9	7.5
体育经纪与代理、广告与会展、表演与设计服务	316	98	1.2	0.9
体育教育与培训	2023	1612	7.4	15
体育传媒与信息服务	847	339	3.1	3.2
其他体育服务	1554	645	5.7	6.0
体育用品及相关产品制造	12,287	3144	44.9	29.3
体育用品及相关产品销售、出租与贸易代理	4514	2574	16.5	24.0
体育场地设施建设	984	217	3.5	2.0

*数据来源于国家体育总局网。

近几年,我国体育事业发展成熟,特别是我国体育产业进入高质量发展时期后,体育产业结构不断优化,第三产业的占比持续提高,体现为体育服务业的产出占比不断增加,而体育制造业的占比不断降低。

二、重庆市体育产业发展状况

(一)重庆市体育产业资源状况

1. 重庆市体育产业资源优势

(1)区位资源优势

重庆市作为西部地区唯一的直辖市,位于“丝绸之路”西南地区的起点,是长江上游经济带大开发和西部中心城市大发展的中心城市,具有独特的双重聚散、承东启西、连接南北的区位优势。重庆市还处在三峡库区,三峡库区的建立也给重庆的发展带来了巨大的商机,为重庆区域性中心城市产业的可持续发展营造出理想的区位基础。且近年来重庆市建立起四通八达的交通网络,为体育产业的发展提供了良好的交通环境。此外,重庆市位于长江中下游与青藏高原过渡区域,年平均气温为 18℃,非常适合体育运动的开展。江河纵横,自然景观优美,也为体育产业的发展奠定了良好环境基础。在新的历史阶段,人们已经开始步入休闲时代,越来越多的人选择去野外、郊外等空气清新的地方享受自然,在这一背景下,体育产业必然迎来新的发展机遇。良好的区域位置与地理环境为重庆市体育产业发展奠定了极为有利的区位资源优势。

(2)政策资源优势

随着我国《全民健身条例》、《国务院关于加快发展体育产业促进体育消费的若干意见》、《体育产业发展“十三五”规划》、《国务院办公厅关于促进全民健身和体育消费推动体育产业高质量发展的意见》(国办发〔2019〕43号)等文件的发布,重庆市体育产业政策逐步增强,先后发布《重庆市人民政府关于加快发展体育产业促进体育消费的实施意见》(渝府发〔2015〕41号)、《重庆市体育发展“十三五”规划》、《重庆市体育产业发展规划(2016—2025年)》、《重庆市体育产业加快发展行动计划(2018—2022年)》等文件(见表2-8),明确了重庆市体育产业总体规划布局思路,推动重庆体育产业更新升级。

表2-8　近年重庆市体育产业政策文件梳理汇总*

政　　策	年份	颁布机构
《重庆市人民政府关于加快发展体育产业促进体育消费的实施意见》(渝府发〔2015〕41号)	2015	重庆市政府
《重庆市体育发展“十三五”规划》	2016	重庆市体育局
《重庆市体育产业加快发展行动计划(2018—2022年)》	2018	重庆市体育局

*数据来源于重庆市政府工作网,笔者整理后获得。

解读相关产业政策得出,重庆市将进一步扩大体育产业总规模,升级改善体育产业的总体结构,不断扩张体育产业市场的范围,同时不断净化体育产业发展环境,重庆市人民政府办公厅于2022年8月颁布的《重庆市体育发展“十四五”规划》中指出,到2025年重庆市体育总规模达到1000亿元人民币,到2035年,体育强市基本建成,打造成为全国体育产业级增长点。众多政策文件的发布为重庆市体育产业的发展创造了极为有利的政策资源优势。

(3)经济资源优势

重庆市的经济增长速度非常快,城市经济快速发展,这为体育产业的发展奠定了良好的基础。重庆是川渝及西南地区最大城市之一,随着我国西部大开发政策的实施,在这几年,重庆已经建设成为长江上游的高新技术产业基地、商贸中心、金融中心、科教文化信息中心和交通通信枢纽,每年重庆市的人均 GDP 都以 11% 左右的增长速度在增长,社会经济的快速发展为重庆市体育产业发展奠定了极为有利的经济资源优势。

(4)人口资源优势

据统计,重庆市常住居民人口达 3000 万人,重庆市经常参加体育运动的人口占全市人口的 40%。“两江四岸健身长廊工程”建设也得到良好的落实和实施,为体育事业全面建设提供了良好的平台,“百万老年人健身活动”的落实,大力促进了老年人的健身热潮,为老年人的运动提供了方案和平台。重庆市还特别注重乡下郊区的体育活动,为了达到全民健身的目的,开展落实了“体育三下乡”的政策,在乡下建造了多种健身平台。随着丰富多样的体育活动的开展,人们对体育产业的服务、规模、种类的需求日益增长。数量庞大人口与日益增长的体育消费需求为重庆市体育产业的发展奠定了极为有利的人口资源优势,大大促进了体育产业的发展。

(5)科技资源优势

近年来,重庆市积极布局人工智能、集成电路、物联网等高科技智能产业,这既是面向未来、走向世界、开辟发展新局面的战略决策,也是推动新旧动能持续和发展方式转变的客观要求。重庆市吸引了科大讯飞、腾讯、阿里巴巴等相关企业来渝发展,培育了一批以西南集成、中科云从、猪八戒网等为代表的本土企业。重庆市统计局与市科技局联合发布的《2021 年重庆市科技投入统计公报》显示,2021 年,重庆共投入研究与试验发展经费(以下简称研发经费)603.8 亿元,比上年增加 77 亿元,同比增长 14.6%。研发经费投入强度为 2.16%,比上年提高 0.05%。雄厚的科学技术后盾为重庆市体育产业的发展奠定了极为有利的科技资源优势。[1]

2. 重庆市体育产业资源限制

（1）地理资源弊端

山地分散式聚集是重庆市地理环境的一大特点，导致重庆市主城区与城乡经济发展的不平衡。体育产业的发展与当地区域体育资源、经济发展水平有紧密联系。当前重庆市体育产业资源和体育相关企业主要集中在经济发达的主城区和万州、涪陵两个区县，而在经济发展水平较低的其他地区分布很少。[2] 体育产业资源分布的不平衡成为抑制产业自身发展和总体规模扩大的一个限制因素。

（2）人文资源弊端

体育消费、体育参与、体育需求与居民体育意识密切相关，对体育产业发展有很大的影响。据调查，受人文观念影响，重庆市由于地理环境问题，特别是乡镇居民体育意识相对较落后，经营体育产业的人才相对匮乏。部分居民对体育产业还不甚了解。淳朴勤俭的生活习惯也在很大程度上限制了体育支出在居民家庭消费中的占比。显然，重庆市体育产业发展受到人文观念落后这一内需动力的影响。

（3）硬件资源弊端

体育产业的发展离不开硬件设备和软件设施的支撑。据统计，重庆市的人均公共体育用地为1.37平方米，近年来，重庆市虽然逐步加强体育场地及设备的建设力度，但与《城市公共体育场馆用地控制指标》中的人均体育活动标准差距较大。这影响并限制重庆市当前体育产业的发展，制约了全民健身战略的推进，阻碍了人们对于体育运动的需求。体育场馆、运动器械的不足成为限制重庆市体育产业发展的一大硬件资源因素。

---

[1] 参见李旭、梁旭鹏、王樱桃：《重庆市体育产业资源现状及整合模式研究》，载《当代体育科技》2020年第23期。

[2] 参见李旭、梁旭鹏、王樱桃：《重庆市体育产业资源现状及整合模式研究》，载《当代体育科技》2020年第23期。

(二)重庆市体育产业总体规模状况

1. 重庆市经济总量规模

从表2-9可见,2019年,重庆市体育产业总规模(总产出)为504.72亿元,增加值为213.55亿元,体育产业增加值占同期重庆市GDP的比重为0.9%。从体育产业内部结构看,体育服务业保持良好发展势头,增加值为161.80亿元,在体育产业中所占比重达到75.8%,与上年持平;其中体育用品及相关产品销售、出租与贸易代理规模最大,增加值为75.11亿元,占全部体育产业增加值比重为35.2%。体育用品及相关产品制造的增加值为40.64亿元,占全部体育产业增加值比重为19.0%。体育场地设施建设的增加值为11.13亿元,占全部体育产业增加值的比重为5.2%。

表2-9　2019年重庆市体育产业状况*

分类名称	总量(亿元)		结构(%)	
	总产出	增加值	总产出	增加值
体育产业	504.72	213.55	100.00	100.00
体育服务业	352.36	161.80	70.00	75.80
体育管理活动	7.64	2.50	1.50	1.20
体育竞赛表演活动	15.64	7.04	3.10	3.30
体育健身休闲活动	85.02	33.38	16.79	15.60
体育场地和设施管理	18.61	8.98	3.69	4.20
体育经纪与代理、广告与会展、表演与设计服务	16.37	7.83	3.24	3.70
体育教育与培训	13.28	7.10	2.63	3.30
体育传媒与信息服务	18.27	8.61	3.62	4.00
其他体育服务	26.51	11.25	5.25	5.30
体育用品及相关产品制造	123.51	40.64	24.47	19.0
体育用品及相关产品销售、出租与贸易代理	151.02	75.11	29.92	35.2
体育场地设施建设	29.14	11.13	5.77	5.20

*数据来源于重庆市体育产业报告年鉴。

从表2－10可见,2020年重庆市体育产业总规模(总产出)为541.33亿元,增加值为226.37亿元,增加值占全市GDP比重为0.9%。从名义增长看,总产出比2019年增长2.3%,增加值增长1.7%。从体育产业内部结构看,体育用品及相关产品制造占比最大,总产出和增加值分别为201.79亿元和51.78亿元,分别占全市体育产业总产出和增加值的37.3%和22.9%,占比分别较2019年下降5.0、1.8个百分点。体育场地设施建设占比略有提升,总产出分别为40.42亿元、9.74亿元,占全市体育产业总产出和增加值比重分别为7.4%、4.3%,分别较2019年提高0.7、0.1个百分点。体育服务业(除体育用品及相关产品制造、体育场地设施建设外的九大类)所占比重进一步提高,总产出和增加值分别为299.12亿元、164.85亿元,分别占全市体育产业总产出和增加值的55.3%、72.8%,占比分别较2019年提高4.3、1.7个百分点。

表2－10　2020年重庆市体育产业状况*

分类名称	总量(亿元)		结构(%)	
	总产出	增加值	总产出	增加值
体育产业	541.33	226.37	100.00	100.00
体育服务业	299.12	164.85	55.30	72.80
体育管理活动	9.84	5.60	1.80	2.50
体育竞赛表演活动	2.57	1.20	0.50	0.50
体育健身休闲活动	57.14	24.88	10.60	11.00
体育场地和设施管理	35.03	16.33	6.50	7.20
体育经纪与代理、广告与会展、表演与设计服务	4.04	1.76	0.70	0.80
体育教育与培训	63.54	44.48	11.70	19.60
体育传媒与信息服务	15.99	5.38	3.00	2.40
其他体育服务	36.35	18.95	6.70	8.40
体育用品及相关产品制造	201.79	51.78	37.30	22.90
体育用品及相关产品销售、出租与贸易代理	74.62	46.27	13.80	20.40
体育场地设施建设	40.42	9.74	7.40	4.30

*数据来源于重庆市体育产业报告年鉴。

从表 2－11 可见，2021 年重庆市全市体育产业总规模（总产出）为 659.09亿元，增加值为 265.18 亿元，增加值占全市 GDP 比重为 1.0%。从名义增长看，总产出比 2020 年增长 21.8%，增加值增长 17.1%。从体育产业内部结构看，体育服务业（除体育用品及相关产品制造、体育场地设施建设外的九大类）占比进一步提高，总产出和增加值分别为 393.62 亿元、194.33亿元，分别占全市体育产业的 59.7%、73.3%，占比分别较 2020 年提高 4.5、0.5 个百分点。从上述内容可以看出，2019—2021 年重庆市体育产业总规模（总产出）呈上升趋势，增加值也呈上升趋势。

表 2－11　2021 年重庆市体育产业状况*

分类名称	总量（亿元）		结构（%）	
	总产出	增加值	总产出	增加值
体育产业	659.09	265.18	100	100
体育服务业	—	—	—	—
体育管理活动	10.70	2.3	1.6	2.3
体育竞赛表演活动	7.47	3.49	1.1	1.3
体育健身休闲活动	68.42	29.80	10.4	11.2
体育场地和设施管理	37.28	17.35	5.7	6.5
体育经纪与代理、广告与会展、表演与设计服务	5.78	1.91	0.9	0.7
体育教育与培训	88.89	48.29	13.5	18.2
体育传媒与信息服务	22.74	5.67	3.5	2.1
其他体育服务	54.65	21.25	8.2	8.0
体育用品及相关产品制造	219.15	59.69	33.3	22.5
体育用品及相关产品销售、出租与贸易代理	97.69	60.48	14.8	22.8
体育场地设施建设	46.32	11.16	7.0	4.2

*数据来源于重庆市体育产业报告年鉴。

2020 年全国 GDP 为 1,013,567 亿元，2020 年全国体育产业总产值 27,372 亿元，占全国 GDP 的 2.70%。2021 年，全国 GDP 为 1,210,207.2 亿元，

2021 年全国体育产业总规模(总产出)为 31,175 亿元,全国体育产业总产值占全国 GDP 的 2.57%。重庆占比低于全国平均水平,说明重庆市体育产业整体发展状况不太好。

2020 年,由各省体育局公告数据计算得出,广东体育产业规模引领全国排名第一,广东省 2020 年体育产业总规模为 5149.94 亿元,增加值 1743.2 亿元,总规模较重庆市多 4608.61 亿元,增加值较重庆市多 1516.83 亿元;江苏省 2020 年体育产业总规模为 4881.80 亿元,增加值为 1641.79 亿元,总规模较重庆市多 4340.47 亿元,增加值较重庆市多 1415.42 亿元;上海市 2020 年体育产业总规模为 1621.62 亿元,增加值为 560.19 亿元,总规模较重庆市多1080.29亿元,增加值较重庆市多 333.82 亿元。2021 年广东省体育产业总规模(总产出)6258 亿元,增加值为 2081 亿元,总规模较重庆市多 5598.91 亿元,增加值较重庆市多 1815.82 亿元;2021 年江苏省体育产业总规模为 5652.78 亿元,增加值为 1915.14 亿元,总规模较重庆市多 4993.69 亿元,增加值较重庆市多 1649.96 亿元;2021 年上海市体育产业总规模为 1737.80 亿元,增加值为 596.31 亿元,总规模较重庆市多 1078.71 亿元,增加值较重庆市多 331.13 亿元;可见,近两年重庆市与全国体育产业各强省的总体规模与增加值相比存在极大的差距。这些省份高质量型体育产业体系已大致形成,重庆市体育产业经济总量规模与这些体育强省存在巨大差距,总的来说,重庆市体育产业规模还是太小。

2. 重庆市体育产业从业人员数量

重庆市体育产业从业人员不仅可以反映重庆市体育产业的规模,还可以反映不同类型体育产业吸纳的劳动力数量。笔者未对 2020 年、2021 年体育产业从业人员进行统计分析,由于疫情原因有关部门还未作相关数据统计分布,只对 2019 年重庆市体育产业从业人员数量进行分析。

表 2-12 是 2019 年重庆体育产业从业人员的产业门类分布情况。该表统计结果显示,2019 年重庆体育产业的从业人员数量共计 143,884 人。其中,体育服务业 121,650 人、占体育产业从业人员的 84.55%,由表 2-9 可知,2019 年重庆市体育服务业生产总值结构占比为 70%,增加值结构占比

为75.8%,但吸纳的体育从业人员确达到了84.45%以上,由此可见,重庆市体育服务业为重庆市体育产业提供的就业岗位与就业机会超过体育服务业本身结构。

由表2－12可见,2019年重庆体育产业的体育用品建设业17,754人、占比达到12.34%,体育设施建设业4480人、占比为3.11%。体育用品建设业与体育设施建设业吸纳重庆市体育产业从业人员能力较低;为实现重庆市体育产业高质量发展,体育设施建设业与体育服务业应不断优化升级,为重庆市体育产业增加更多就业岗位与就业机会,推动重庆市体育产业创造更多收益,进而实现高质量发展。

表2－12　2019年重庆市体育产业从业人员的产业门类结构*

门　类	从业人员(人)	比重(%)
体育服务业	121,650	84.55
体育用品建设业	17,754	12.34
体育设施建设业	4480	3.11
合计	143,884	100

*数据来源于重庆市体育产业报告年鉴,经笔者整理统计形成相应数据。

3. 重庆市体育产业基础设施

(1)体育产业基地

截至2021年,重庆市体育局组织专家决定将劲浪重庆体育用品有限公司等6家单位作为重庆市体育产业基地。其中,重庆市体育产业示范单位4家,重庆市体育产业示范项目2家[1],这些产业示范单位与产业示范项目的命名,将为重庆市体育产业的发展起到示范作用,带领重庆市体育产业不断创新发展模式和经营机制,为社会提供更多产品和更好服务。

由表2－13可见,国家级体育示范单位重庆示范基地仅1家,示范单位

〔1〕参见《重庆市体育局关于命名劲浪重庆体育用品有限公司等6家单位为重庆市体育产业基地的通知(渝体〔2021〕337号)》,载重庆市体育局网,http://tyj.cq.gov.cn/zwxx_253/tzgg/202112/t20211228_10240134.html。

2 家,示范项目 0 个,总计 3 个;同在西部的四川省国家级示范基地 4 家,示范单位 1 家,示范项目 6 个,总计 11 个;重庆市与四川省相比较,四川省的国家级体育产业基地明显优于重庆。同为直辖市的北京市,其示范基地 3 家,示范单位 16 个,示范项目 5 个,总计 24 个。上海市示范基地 4 家,示范单位 11 个,示范项目 10 个,总计 25 个。与这些直辖市相比,重庆市更是相差甚远。总之,重庆市国家级体育产业示范单位仍然不占优势。

表 2-13　2021 年国家级体育产业基地*

省(市)	示范基地(家)	示范单位(家)	示范项目(个)	总计(个)
重庆市	1	2	0	3
四川省	4	1	6	11
北京市	3	16	5	24
上海市	4	11	10	25

* 数据来源于国家体育局,经笔者整理统计形成相应数据。

(2)体育产业场地

由于意识到体育产业带来的效益巨大,对经济的贡献较高,重庆市政府对重庆市体育产业斥巨资建设。根据重庆市体育局在 2022 年全市体育工作会议上公布的数据可知,2021 年,重庆市已建成 130 个重点体育基础设施项目,国家总投资 316.27 亿元,全力建设大量体育公园。到 2022 年年初,重庆市已有 28 个体育基础设施项目完工,42 个项目仍在建设,年计划投资 43.9 亿元,年完成投资 30.36 亿元,所有工作稳步推进。预计到 2025 年实现人均体育场地面积超 2.2 平方米,体育场地的扩建有助于提升体育产业高质量发展。[1]

据重庆市体育局统计的数据可知,2021 年重庆市体育场地 13,660 个,体育场地面积 6675 万平方米,重庆市人均体育场地面积 2.08 平方米;据国家统计局统计的数据可知,2021 年全国共有体育场地 397.1 万个,体育场地

[1] 参见《重庆市人民政府关于印发重庆市全民健身实施计划(2021—2025 年)的通知》(渝府发〔2022〕20 号),载重庆市人民政府网,https://www.cq.gov.cn/zwgk/zfxxgkml/szfwj/qtgw/202203/t20220318_10525985.html。

面积34.1亿平方米,人均体育场地面积2.41平方米。可以看出,重庆市人均体育场地面积与全国相比,还有一定的差距。

(三)重庆市体育产业结构

1. 重庆市体育产业基本结构

(1)重庆市体育产业产值结构

①外部产值结构

外部产值结构是产值结构的组成部分,主要指体育产业总产值占地区生产总值的比重,能反映出体育产业在不同区域和时期内国民经济发展中的地位。2015—2020年,重庆市体育产业发展处于相对平稳的状态。体育产业增加值在2015—2020年稳步增加,其与第三产业增加值的比重始终保持在2%以内,与地区生产总值的比值一直保持在0.81%—0.91%小范围浮动。2016年,体育产业的发展状况最为可观,其增速达到了11%,第三产业增加值比重达1.91%,均高出2015年、2017年、2018年、2019年、2020年,实现增加值143.94亿元。2020年仍保持着前5年的发展趋势和增速,该年第三产业实现增加值突破13,000亿元、地区生产总值突破25,000亿元,有望成为体育产业新发展的有效推动力(见表2-14、图2-1)。

表2-14　2015—2020年重庆市体育产业外部产值结构*

指　　标	年　　份					
	2015	2016	2017	2018	2019	2020
体育产业增加值(亿元)	127.38	143.94	162.66	185.82	213.55	226.37
地区生产总值(亿元)	15,717	17,741	19,425	20,363	23,606	25,003
第三产业增加值	7497.75	8500.36	9564.04	10,656.13	12,557.51	13,207.25
增速(%)	11.50	11.00	9.10	9.10	6.40	2.90
占地区生产总值的比重(%)	0.81	0.81	0.83	0.91	0.90	0.91
占第三产业增加值的比重(%)	1.70	1.91	1.70	1.74	1.70	1.71

*数据来源于《重庆市体育产业普查报告(2015—2020)》。

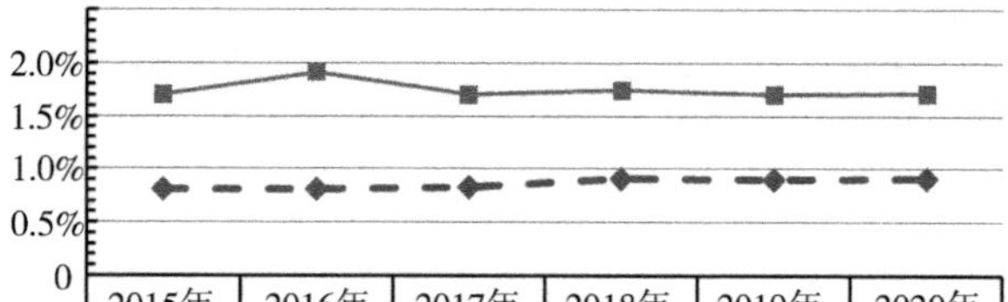

	2015年	2016年	2017年	2018年	2019年	2020年
占地区生产总值的比重(%)	0.81	0.81	0.83	0.91	0.90	0.91
占第三产业增加值的比重(%)	1.70	1.91	1.70	1.74	1.70	1.71

图 2－1　2015—2020 年重庆市体育产业增加值占全市生产总值及第三产业增加值比重*

＊数据来源于《重庆市体育产业普查报告(2015—2020 年)》。

②内部产值结构方面

内部产值结构能够衡量体育产业总产值内部各部分、各分支比例配合情况,反映区域特色。[1] 2015 年国家统计局颁布《国家体育产业统计分类》,结束了之前模糊不清的分层方式,在 11 大类之中细分到每项活动,为统计工作指明了方向也提供了方便。2019 年年初国家体育总局颁布了体育产业统计分类《体育产业统计分类(2019)》,具体分类情况如表 2－15 所示。与 2015 年的分类标准相比,小类增加 19 个,新标准也更具权威性和科学性。

表 2－15　我国体育产业统计分类与层次表

层　　次	行 业 大 类
体育产业核心层	体育管理活动
	体育竞赛表演活动
	体育健身休闲活动

〔1〕 参见毛乃婧:《成都市体育产业的结构分析与优化对策》,成都体育学院 2017 年硕士学位论文。

续表

层　　次	行 业 大 类
体育产业外围层	体育场馆服务
	体育中介服务
	体育培训与教育
	体育传媒与信息服务
体育产业相关层	其他与体育相关服务
	体育用品及相关产品制造
	体育用品及相关产品销售、贸易代理与出租
	体育场地设施建设

由表 2－15 我们可以看出，体育产业分层可分为体育产业核心层、体育产业外围层和体育产业相关层。与 2008 年版的分层方法相比较，唯一变化是体育场馆调整至体育产业外围层。可见政策对体育场馆建设的支持与鼓励。

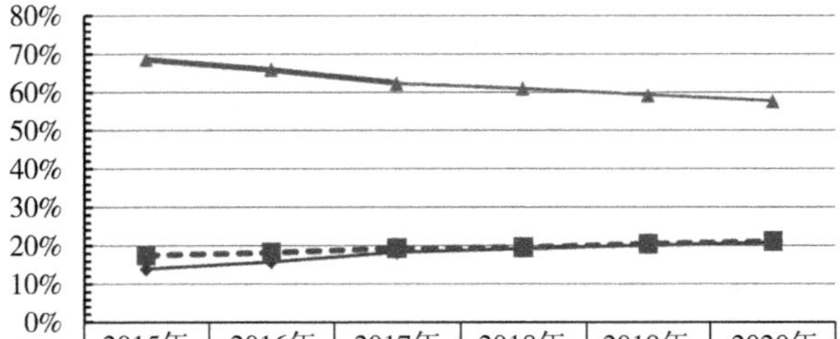

	2015年	2016年	2017年	2018年	2019年	2020年
体育产业核心层(%)	13.90	15.79	18.24	19.17	20.10	20.90
体育产业外围层(%)	17.50	18.10	19.30	19.63	20.50	21.20
体育产业相关层(%)	68.70	66.10	62.47	61.21	59.40	57.90

图 2－2　2015—2020 年重庆市体育产业各层次增加值比重变化情况 *

* 数据来源于《重庆市体育产业普查报告(2015—2020 年)》。

由图 2－2 可见，重庆市 2015—2020 年的体育产业外围层和体育产业核心层都呈逐步上升的趋势。体育产业核心层由 13.90% 上升至 20.90%，体育产业外围层由 17.50% 上升至 21.20%。而体育产业相关层呈下降趋势，由68.70%下降至57.90%。由图像走势可看出三个层次增加值比重正在慢慢趋近。体育产业是一个综合性很强的产业，每个部分、各个层次都发挥着不可或缺的重要作用。

(2)重庆市体育产业就业结构

①外部就业结构

重庆市体育产业平稳发展，整体规模也以较快的速度扩大。逐渐发展的体育产业不仅对经济效益产生了良好的引领作用，也对社会效益产生了良好的带动作用。体育产业相关单位数量的增加意味着吸纳更多的就业人数，对重庆市就业有一定的促进作用。笔者对访问调查回收的《重庆市体育产业普查报告(2015—2020年)》进行数据整理，得到表2-16、图2-3。2015年重庆市体育产业从业人数达到16.42万人，同比增长11.9%，体育产业从业人数占本市总从业人数比重的0.48%。由表2-16可见，2016—2020年重庆市体育产业就业人数分别达17.05万人、17.21万人、16.29万人、14.39万人、13.45万人，但2016—2020年从事体育产业就业人数增速逐渐降低，由3.80%下降至-6.5%(见表2-16、图2-3)。

表2-16 2015—2020年重庆市体育产业就业人数与全市总就业人数的比重

指标	年份					
	2015	2016	2017	2018	2019	2020
体育产业从业人数(万人)	16.42	17.05	17.21	16.29	14.39	13.45
较上年增加值(%)	11.9	3.8	0.9	-5.3	-11.7	-6.50
重庆市总从业人数(万人)	1647.41	1658.32	1659.33	1663.23	1668.16	1676.01
比重(%)	0.99	1.02	1.03	0.98	0.86	0.84

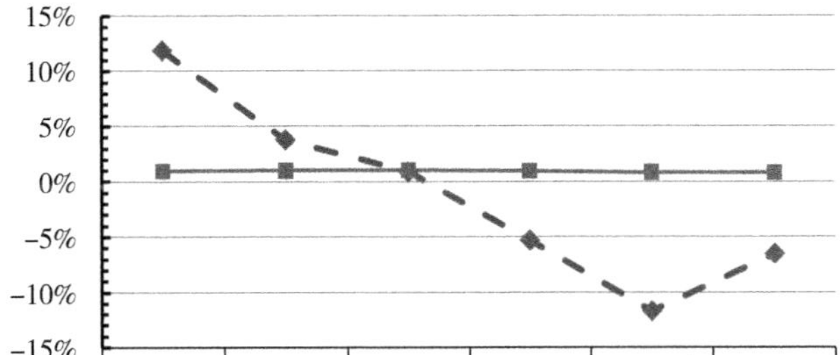

	2015年	2016年	2017年	2018年	2019年	2020年
体育产业就业增速(%)	11.90	3.80	0.90	-5.30	-11.70	-6.50
占总就业人数的比重(%)	0.99	1.02	1.03	0.98	0.86	0.84

图2-3　2015—2020年重庆市体育产业就业人数增速及比重

②内部就业结构

对访问调查回收的《重庆市体育产业普查报告(2015—2020年)》进行数据整理,得到图2-4。重庆市体育产业各层次的就业人数发生变化,体育产业核心层从业人数从20,555人增加至26,368人,增加了5813人。体育产业外围层由2015年的25,639人增加至2017年的34,135人,到2020年又减少为25,167人。体育产业相关层由2015年的118,009人下降至2020年的88,756人,减少了29,253人。在分层中,从业人数最多的是体育用品及相关产品销售、贸易代理出租(以下简称体育用品销售出租),该层连续三年排在分层第一位。2015年重庆市体育用品销售出租业从业人数为91,982人,沙坪坝区从事该活动的人数为3749人,超过其他所有区县,位列第一;从业人数最少的是奉节县,为647人。2016年重庆市体育用品销售出租业人数为81,811人,江北区该年从业人数以3375人排在所有区县的第一位;其次是渝中区;人数最少的是城口县,仅670人。2017年重庆市体育用品销售出租业人数减少到80,864人,沙坪坝区从业人数以3188人排在所有区县的第一位;其次是江北区;人数最少的是城口县,仅912人。2018—2020年体育用品销售出租业就业人数均为渝中区最多,就业人数突破5000人。

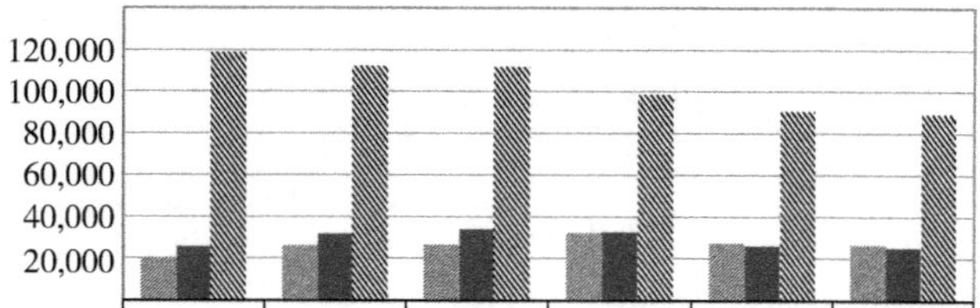

	2015年	2016年	2017年	2018年	2019年	2020年
体育产业核心层(人)	20,555	25,971	26,589	32,103	27,530	26,368
体育产业外围层(人)	25,639	31,969	34,135	32,700	26,268	25,167
体育产业相关层(人)	118,009	111,557	111,355	98,129	90,986	88,756

图 2－4　2015—2020 年重庆市体育产业各层次从业人数统计

(3)重庆市体育产业投资结构

有学者指出,体育产业的投资结构是一定时期内全社会体育产业总投资在各行业间的分布,它包含增量投资结构和存量投资结构,后者是前者的凝固状态。[1]

如图 2－5、图 2－6 所示,对访问调查回收的《重庆市体育产业普查报告(2015—2020 年)》进行数据整理所得,2015—2020 年,重庆市体育产业在投资额度上累计达到 1054.19 亿元,其年均增速为 12%。2015 年重庆市体育产业投资总额为 115.04 亿元,其中社会投资 38.08 亿元,占重庆市体育产业投资总额的 33.10%;政府投资 76.96 亿元,占重庆市体育产业投资总额的 66.90%。2016 年,重庆市体育产业投资总额为 135.24 亿元,其中,社会投资 51.54 亿元,占重庆市体育产业投资总额的 38.11%。2016 年政府投资 83.70 亿元,占重庆市体育产业投资总额的 61.89%。2017 年,重庆市体育产业投资总额为 160.98 亿元,其中社会投资 70.97 亿元,占重庆市体育产业投资总额的 44.09%;政府投资 90.01 亿元,占重庆市体育产业投资总额的 55.91%。2018 年,重庆市体育产业投资总额为 183.25 亿元,其中社会投资额 82.03 亿元,占重庆市体育产业投资总额的 44.80%。政府投资 101.22 亿元,占重庆市体育产业投资总额的 55.20%。2019 年,重庆市体育产业投

〔1〕 参见吴超林、杨晓生主编:《体育产业经济学》,高等教育出版社 2004 年版,第 68 页。

资总额为214.31亿元，其中社会投资93.17亿元，占重庆市体育产业投资总额的43.50%；政府投资121.14亿元，占重庆市体育产业投资总额的56.50%。2020年，重庆市体育产业投资总额为245.37亿元，其中社会投资104.22亿元，占重庆市体育产业投资总额的42.47%；政府投资141.15亿元，占重庆市体育产业投资总额的57.53%。

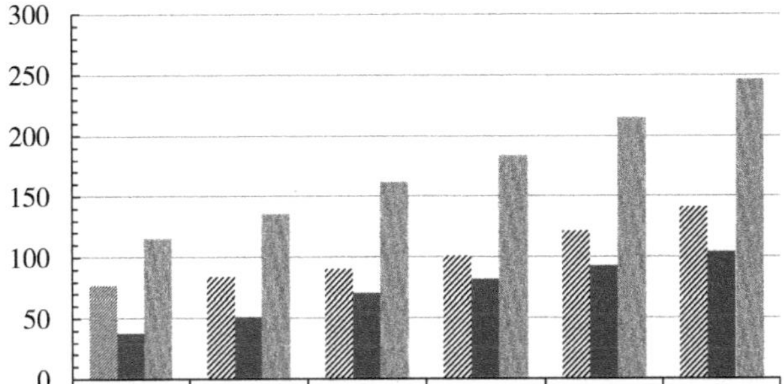

	2015年	2016年	2017年	2018年	2019年	2020年
政府投资(亿元)	76.96	83.70	90.01	101.22	121.14	141.15
社会投资(亿元)	38.08	51.54	70.97	82.03	93.17	104.22
体育产业总投资(亿元)	115.04	135.24	160.98	183.25	214.31	245.37

图2-5　2015—2017年重庆市社会投资数量

*数据来源于《重庆市体育产业普查报告(2015—2020年)》。

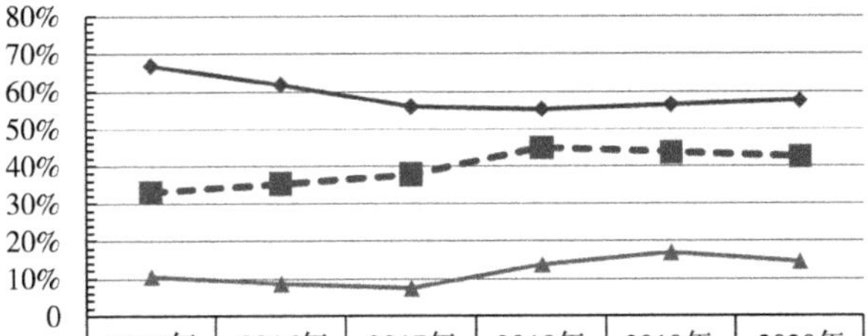

	2015年	2016年	2017年	2018年	2019年	2020年
政府投资占总投资比重(%)	66.90	61.89	55.91	55.20	56.50	57.53
社会投资占总投资比重(%)	33.10	38.11	44.09	44.80	43.50	42.47
总投资增长率(%)	10.60	8.80	7.50	13.83	16.95	14.49

图2-6　2015—2017年重庆市体育产业投资趋势变化*

*数据来源于《重庆市体育产业普查报告(2015—2020年)》。

(4)重庆市体育产业需求结构

体育产业的需求结构,指的是在体育市场中,不同类型需求数量的构成状况。[1] 具备一定的经济基础是支持任何消费的最低要求,相对富裕的物质生活是满足人们体育需求的必要前提。体育需求离不开体育消费,有需求才会有消费,有消费才促进需求的增长。下文对需求结构的消费结构进行研究分析。

体育消费是人们将经济和劳务花费到体育产品中的行为。[2] 改革开放之后,我国经济在政策的支持和保护下得到了快速发展,改变了贫穷落后的生活状况。人民越来越富裕,生活水平越来越高,随之而来的是人民精神需求和物质需求不断扩大。人们对优质的体育运动的需求越来越大,体育消费业在消费市场所占比重也渐渐扩大。体育产业的茁壮成长,与体育市场的形成和发展有着密不可分的关系。持续增长的体育消费对扩张国内需求和带动经济增长都有重要的意义。

笔者根据国家体育统计局官网数据整理出图 2 - 7。重庆市 2018 年 GDP 总值已经超过 2 万亿元,近几年的 GDP 增速也稳定在 10% 左右。在这样一个大背景下,城镇居民和农村居民的人均可支配收入也不断发展,呈现稳步上升的状态。由图 2 - 7 可以看出,从 2014 年起城镇居民人均可支配收入的整体态势呈不断上升状态,由 25,133 元增加到 2020 年的 40,006 元,增加了 14,873 元。从 2014 年到 2020 年,重庆市农村居民人均可支配收入增加了 6891 元,可见,经济大发展使农村居民人均可支配收入提高。其中,2019 年实现了 15,000 元的突破。

---

[1] 参见吴超林、杨晓生主编:《体育产业经济学》,高等教育出版社 2004 年版,第 69 页。

[2] 参见叶明飞:《合肥市庐阳区老年人健身参与和体育消费现状的调查分析》,载《西部体育研究》2014 年第 4 期。

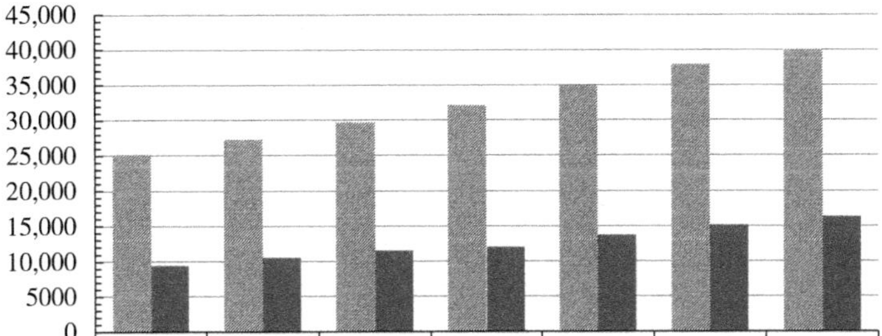

	2014年	2015年	2016年	2017年	2018年	2019年	2020年
城镇居民(元)	25,133	27,239	29,610	32,193	34,889	37,939	40,006
农村居民(元)	9470	10,505	11,549	12,038	13,781	15,133	16,361

图 2－7　重庆市居民人均可支配收入

2. 重庆市体育产业市场结构

(1)重庆市体育产业主体市场

《重庆市体育产业普查报告(2015—2020 年)》数据显示,自 2015 年以来,重庆市体育产业的主要市场主体为体育用品及相关产品销售、贸易代理与出租业,其数量构成均超过 60%。2015—2020 年,体育产业市场主体数量由大至小顺序位列前四位的是,体育用品及相关产品销售、贸易代理与出租业,体育用品及相关制造业,体育健身休闲业以及体育竞技表演业。以下内容着重分析主体市场排位前四位的现状。

①体育用品及相关产品销售、贸易代理与出租业

根据《体育产业统计分类(2019 年)》,本分类主要表现为体育用品及相关产品销售、体育设备出租以及产品贸易代理。以体育服饰、用品等为主要产品,辅之其他综合产品及网络产品。根据访问调查得到《重庆市体育产业普查报告(2015—2020 年)》,分析其中数据得到表 2－17。

表 2-17 2015—2020 年重庆市体育用品及相关产品销售、贸易代理与出租总产出、增加值、从业人数构成

年份	2015	2016	2017	2018	2019	2020
总产出(亿元)	96.06	107.88	119.31	132.43	151.02	162.30
增加值(亿元)	55.47	60.17	63.72	68.71	75.11	76.50
从业人数(人)	91,982	81,811	80,864	69,244	67,852	68,324

从从业单位数量来看,2015 年重庆市体育用品及相关产品销售、贸易代理与出租业(以下简称体销贸租业)单位达到 18,891 家,占全部市场主体的 67.20%,在重庆体育产业市场主体中处于绝对领先地位。体育用品及相关制造业单位共计 2805 家,占比为 9.98%,运动服装制造和运动鞋帽制造的占比高,达到 65.40%,而其他类型制造单位相对较少。在总产出和增加值两方面,渝中区(11.42 亿元)、九龙坡区(8.71 亿元)、江北区(7.01 亿元)都排在前列。

从从业单位数量来看,2016 年重庆市体销贸租业单位达到 20,061 家,占全部市场主体的 64.90%,比上年下降 2.30%,在重庆体育产业市场主体中仍处于绝对领先地位。体育用品及相关制造业单位共计 3077 家,占比为 10.00%,与上年持平,大多数为运动服装和运动鞋帽制造的单位,其他类型的制造单位相对较少。从总产出方面来看,渝中区(12.60 亿元)、九龙坡(9.54亿元)、江北区(8.10 亿元)分别为各区县中产出最高的前三名。增加值高低方面,渝中区(0.79 亿元)、九龙坡区(0.49 亿元)、江北区(0.48 亿元)排在前三位。

从从业单位数量来看,2017 年重庆市体销贸租业单位达到 19,867 家,占全部市场主体的 61.90%,比上年下降 3.00%,但其仍是体育产业市场主体主要组成。体育用品及相关制造业单位共计 3128 家,占比为 9.80%,比上年下降 0.20%。目前,重庆市体育产业制造业从以服装鞋帽加工为主向器材、用具等高附加值产品转型,涌现出环松工业集团有限公司、重庆特星连锁集团有限公司、隆鑫集团有限公司等重庆市体育产业制造业典型企业。从总产出看,渝中区以 9.69 亿元、九龙坡以 6.95 亿元、江北区以 6.92 亿元为各区县产出最高的前三名。增加值高低方面，渝中区（7.68 亿元）、江北区（5.28 亿元）、九龙坡区（4.92 亿元）排在前三位，2018—2020 年情况基本与前三年相似。

②体育用品及相关制造业

根据《体育产业统计分类（2019 年）》，体育用品及相关制造业可分为六类，分别是体育用品制造，与之相关的器械等；体育交通工具制造，如帆船项目的帆船、自行车项目的自行车等代步工具；特殊的体育器械及配件制造，如不大众化的项目器材；运动服饰制造，如运动员的服装，人民日常运动、训练的整套服装；体育游艺娱乐用品设备、网络竞技项目的设备制造等一系列产品；其他产品制造。

如表 2－18 所示，重庆市 2015—2020 年体育用品及相关制造业的生产总值和增加值都呈持续增长状态。2015 年体育用品及相关制造业实现生产总值达到 73.29 亿元；2016 年、2017 年实现总产出分别为 81.90 亿元、91.32 亿元。2018—2020 年总产值突破 100.00 亿元，分别为 102.19 亿元、123.51 亿元、131.57 亿元。同比 2015—2017 年实现增加值分别为 26.88 亿元、29.01 亿元、31.00 亿元。2018—2020 年增加值由 35.17 亿元升至 41.32 亿元。根据从业人数数据变化分析，本行业不断吸纳新的从业人员，行业队伍壮大对行业发展具有强大的支持力。各项数据表明，体育用品及相关制造业在这三年一直处于不断发展的状态。连续三年，渝中区、九龙坡区、江北区在总产出和增加值两方面，都排在区县前列。

表 2－18　2015—2020 年重庆市体育用品及相关制造业总产出、增加值、从业人数构成

年份	2015	2016	2017	2018	2019	2020
总产出（亿元）	73.29	81.90	91.32	102.19	123.51	131.57
增加值（亿元）	26.88	29.01	31.00	35.17	40.64	41.32
从业人数（人）	24,558	27,141	27,293	24,517	17,754	18,537

③体育健身休闲业

根据《体育产业统计分类（2019 年）》，体育健身休闲活动共分为三类。

一是休闲健身，最耳熟能详的便是健身房、健身步道等健身方式；二是体育文化活动，如具有竞技精神的龙舟会、适合老年人或儿童等不同年龄阶段的公益性或非公益性的体育文化展览；三是其他休闲健身活动，如新纳入的电子竞技体育活动等。

根据对访问调查回收数据的整理，得到表2－19，可知重庆市2015—2020年体育休闲活动整体发展状况属于稳步上升型。分析如下：2015—2020年总产出、增加值、从业人数均逐年增加。2016年从业人数首次突破两万人，2017年体育健身休闲业增加22.80亿元，增加值首次突破20亿元的目标。2015年和2016年，九龙坡区、渝北区、渝中区在总产出和增加值方面排在前三位。2017年，渝北区以5.53亿元的总产出位列第一，九龙坡区以5.45亿元位列第二，渝中区以4.15亿元位列第三。增加值排名同上。总产出最低的区县是重庆市城口县，仅为0.39亿元。总产出最低的同样是城口县，其连续三年排名最末。2018年重庆市体育健身休闲业总产出高达69.09亿元，2020年增加到87.42亿元，呈现出较快的增长速度。

表2－19　2015—2020年重庆市体育健身休闲业总产出、增加值及从业人数构成

年份	2015	2016	2017	2018	2019	2020
总产出（亿元）	30.96	41.74	56.24	69.09	85.02	87.42
增加值（亿元）	13.17	17.10	22.80	27.57	33.38	35.21
从业人数（人）	16,425	21,273	21,442	25,909	20,676	23,574

④体育竞技表演业

根据《体育产业统计分类（2019年）》，体育竞技表演活动按其是否具有公益性或者说是否商业化、市场化，将其分为职业、非职业体育竞赛表演活动。

2015—2020年，体育竞赛表演业在总产出方面一直处于增长状态。分析表2－20可得，2016年的总产出数值大于2015年小于2017年。2017年总产出超过10亿元的期望值。增加值方面，也逐年增加。从业人数在2016年超过3000人，相对于2015年来说是一个全新突破，到2020年快速增长至6031人。从上述数据可以看出，体育竞赛表演业在近六年的发展中处于平稳发展的态势,这对体育产业整体发展起着良好的促进作用。2015 年排列在体育竞技表演业总产出前三名的是渝中区(0.64 亿元)、九龙坡区(0.48 亿元)、江北区(0.42 亿元)。2016—2020 年总产出排名情况大致相同,都是渝中区、江北区、九龙区位列前三名。

表 2－20　2015—2020 年重庆市体育竞赛表演业总产出、增加值、从业人数构成*

年份	2015	2016	2017	2018	2019	2020
总产出(亿元)	5.62	7.44	10.10	12.44	15.64	16.19
增加值(亿元)	2.93	3.69	4.79	5.75	7.04	8.74
从业人数(人)	2593	3202	3333	4495	5836	6031

* 数据来源于《重庆市体育产业普查报告(2015—2020 年)》。

(2)重庆市体育产业服务市场

根据《体育产业统计分类(2019 年)》,体育产业服务市场主要分为五个方面。一是体育场馆服务,如各种球馆、田径馆、多功能的综合场馆等;二是体育中介服务,如体育广告、活动策划等;三是体育培训与教育,如各类运动项目教学;四是体育传媒与信息服务,如书籍、报纸、杂志、影视节目出版等;五是其他与体育相关服务,如旅游、彩票及金融服务等。笔者以重庆市体育产业的结构现状为基础,选择了在服务市场中所占比重最多的三项即体育教育与培训、体育传媒与信息服务、其他与体育相关的服务展开进一步研究。

①体育教育与培训

如表 2－21、表 2－22 所示,2015 年的体育教育与培训总产出达到 6.33 亿元,在体育产业生产总值中占 2.4%;体育教育与培训增加数值达到 3.34 亿元,占重庆市体育产业总增加值的比重为 2.6%。2016 年体育教育与培训实现总产出高达 8.18 亿元,和上年相比有所增加,占重庆市体育产业总增加值的 2.6%,其体育教育与培训增加值为 4.19 亿元,占重庆市体育产业总增加值的 2.9%。据《2016 年重庆市体育产业普查报告》显示,2016 年在体育教育与培训总产出方面,江北区、渝中区、沙坪坝区分别位列前三名。2020 年体育教育与培训实现生产总值为六年来的最高为 14.53 亿元,但与上年在体育产业生产总值所占比重相同都为2.6%;2020年体育教育与培训增加数值高达8.42亿元,占重庆市体育产业总增加值的3.3%,其占比为近三年来占体育产业增加值的最高值。据《2020年重庆市体育产业普查报告》显示,2020年江北区、渝中区、沙坪坝区三区仍然位居总产出的前三位。由上述数据分析不难得出,重庆市体育教育与培训在服务市场内部有着正向推动作用,随着经济的不断发展,该服务凭借着在服务市场的高占比一直蓄力向前,独具特色。

表2-21　2015—2020年重庆市体育产业总产出、增加值*

年份	2015	2016	2017	2018	2019	2020
总产出(亿元)	262.78	309.15	362.59	423.99	504.72	541.33
增加值(亿元)	127.38	143.94	162.66	185.82	213.55	226.37

*数据来源于《重庆市体育产业普查报告(2015—2020年)》。

表2-22　2015—2020年重庆市体育教育与培训总产出、增加值*

年份	2015	2016	2017	2018	2019	2020
总产出(亿元)	6.33	8.18	9.28	10.81	13.28	63.54
增加值(亿元)	3.34	4.19	5.31	5.96	7.10	44.48
从业人数(人)	14,417	18,152	18,361	10,438	6697	10,629

*数据来源于《重庆市体育产业普查报告(2015—2020年)》。

②体育传媒与信息服务

体育传媒与信息服务是建于互联网高速发展的社会主义经济大背景下的服务。“互联网+体育”是这一服务的特色与亮点。如表2-23中数据所示,重庆市2015—2020年体育传媒与信息服务的总产出和增加值都呈持续增长状态。首先,对比总产出,2015—2020年的数据逐年递增,2020年的总产出最大。这说明体育传媒与信息服务的总体收益呈稳定上升的趋势。其次,对比增加值,其同总产出相似,逐年稳步增加。这说明该服务行业发展稳定。最后,比较从业人数,其逐年增长。这说明该服务行业在未来发展具有较大的潜力,吸引越来越多的人从事本行业。

表 2－23　2015—2020 年重庆市体育传媒与信息服务的总产出、增加值、从业人数构成

年份	2015	2016	2017	2018	2019	2020
总产出(亿元)	8.60	10.77	13.40	15.61	18.27	20.43
增加值(亿元)	4.61	5.53	6.66	7.55	8.61	9.82
从业人数(人)	5700	6857	7198	3283	3698	5031

③其他与体育相关的服务

与体育相关的旅游、健康、彩票、金融等服务都包括在其他与体育相关服务中。根据《重庆市体育产业普查报告(2015—2020 年)》近六年的数据分析得到以下信息:从整体来看,重庆市体育产业其他服务总产出方面,2015 年至 2020 年分别为:10.20 亿元、12.32 亿元、14.96 亿元、19.95 亿元、26.21 亿元和 36.35 亿元,整体出现上升势头。重庆市各区县其他服务总产出排名前三名情况为:2015 年在总产出方面渝中区以 1.21 亿元、九龙坡区以 0.90 亿元、江北区以 0.75 亿元位于所有区县的前三;2016 年的情况与 2015 年相同,渝中区总产出为 1.40 亿元、九龙坡区为 1.06 亿元、江北区为 0.90 亿元。2017 年排名前三的具体情况如下,渝中区总产出为 1.16 亿元、江北区总产出为 0.80 亿元、九龙坡区总产出为 0.77 亿元。2018 年其他服务总产出方面,九龙坡位列第一,达到 1.58 亿元;江北位列第二,达到 1.49 亿元;渝中区位列第三,达到 1.45 亿元。2019 年其他服务总产出方面,渝中区位列第一,达到 2.66 亿元;九龙坡位列第二,达到 1.99 亿元;江北区位列第三,达到 1.90 亿元。2020 年由于新冠疫情,重庆市体育相关职能部门未作各区县相关数据统计。

第三章 新时代重庆市体育产业集群竞争力及其实证分析

一、GEM 模型基础理论

（一）GEM 模型概述

GEM 模型是两位加拿大学者（Tim Padmore 和 Hervey Gibson）总结多年研究企业集群的经验，对迈克尔·波特的"钻石模型"[1]进行改进，提出了一种分析企业集群竞争力的模型——"基础（Groundings）—企业（Enterprises）—市场（Markets）模型"（简称 GEM 模型）。[2] GEM 模型确定了影响企业集群的六大因素，包括"资源""设施""供应商及相关辅助行业""企业的结构、战略和竞争""本地市场""外部市场"，并用一个蛛网图表示（见图 3－1）。六个因素被分为三对："资源"和"设施"合称为"因素对Ⅰ"——基础，"供应商及相关辅助行业"和"企业的结构、战略和竞争"合称为"因素对Ⅱ"——企业，"本地市场"和"外部市场"合称为"因素对Ⅲ"——市场。

---

〔1〕 参见[美]迈克尔·波特：《国家竞争优势》，李明轩、邱如美译，华夏出版社 1997 年版，第 17－21 页。

〔2〕 See Tim Padmore, Hervey Gibson, Modelling systems of innovation: Ⅱ. A framework for industrial cluster analysis in regions, 625 Research Policy 641(1998).

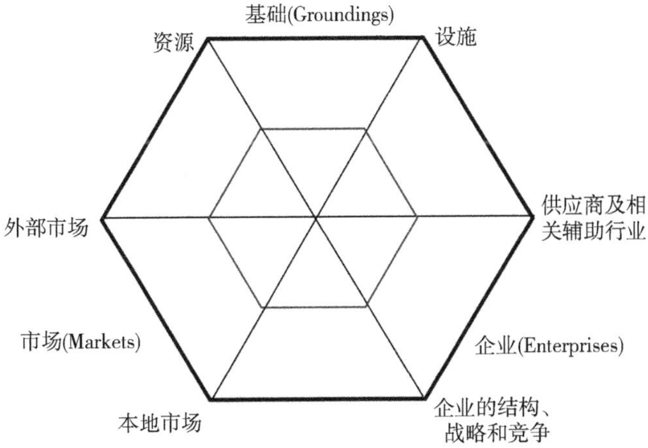

图 3-1　GEM 模型

“因素对Ⅰ”——基础，其实质是企业集群的供给要素，它是指企业集群外为集群内部企业的生产过程所提供的要素。“资源”是指当地自然的、历史继承的或者通过发展形成的资源。“设施”包括硬件设施和制度安排（也称软件设施），这些设施和制度安排支持该集群的企业得到“资源”，开展经营活动。

“因素对Ⅱ”——企业，其实质是企业集群的结构因素，它决定了集群的生产效率。“供应商和相关辅助行业”是指集群中企业购买本地区中别的企业的商品和服务。“企业的结构、战略和竞争”是指集群内企业的数量和规模，企业之间组织产品生产的方式，企业的管理模式，各个企业的产权结构等，这些因素决定了整个企业集群的战略方向和竞争策略。

“因素对Ⅲ”——市场，其实质是企业集群的需求因素，它包括最终市场需求、中间需求以及集群中企业的需求。“本地市场”是指本地区的市场，它可以是一个省的市场，也可以是本国市场。“外部市场”是指除了本地市场之外的更广阔的地区，如省外市场、国际市场。

（二）GEM 模型的量化过程

为清晰了解一个企业集群的竞争力，GEM 模型将对影响集群竞争力的各个因素进行量化。这便于了解单个企业集群的竞争力，以及对相似集群进行比较研究。GEM 模型的量化过程分三步。

第一步是对影响集群竞争力的六个因素附值，每个因素可附值 1—10 分，各分值表示的意义如下[1]：

10 分——非常优秀，具有世界级的竞争力，在全世界范围来说数一数二；

9 分——优秀，具有世界级的竞争力，在全世界范围内排前五名内；

8 分——良好，具有本国范围内独一无二的优势；

7 分——不错，具有本国范围内的竞争优势；

6 分——及格，具有超过全国平均水平的实力，但没有竞争优势；

5 分——基本及格，具有与全国平均水平相当的实力；

4 分——水平有限，具有略低于全国平均水平的实力；

3 分——水平很有限，与全国平均水平有一定差距，这种差距可能影响到整个集群的发展；

2 分——水平较差，距离全国平均水平较大，这种差距对集群造成的影响已经显现；

1 分——很差，距离全国平均水平较大，这种差距已经严重阻碍集群的发展。

附值过程是一个主观的评定过程，评分者应对相应的标杆(benchmarking)有充分了解。

第二步是进行"因素对"的计算和转换，计算"因素对分值"(PAIR SCORE) = $(D_1^{2i-} + D_{2i})/2$。PAIR SCORE：表示"因素对分值"，D_1^{2i-}，D_{2i}：表示各个因素的得分。D_1^{2i-}，D_{2i}所代表的"因素对"是两个可以相互替代的因素(或者基本上可以相互替代)。GEM 模型认为，"因素对"中的两个因素是可以相互替代的，优良的"设施"可以弥补企业集群"资源"的缺乏，潜力广阔的"外部市场"能够弥补"本地市场"需求的不足，而优良的"供应商和相

[1] See Tim Padmore, Hervey Gibson, Modelling systems of innovation: Ⅱ. A framework for industrial cluster analysis in regions, 625 Research Policy 641(1998).

关辅助行业”也能帮助以大量小规模企业为主的集群取得成功。

第三步是计算“集群线性分值”和最终结果。集群线性分值(LINEAR CLUSTER SCORE) = $\Pi_i = 1,3$(PAIR SCORE)

LINEAR CLUSTER SCORE:集群线性分值最后作两次转换,第一次转换是将集群线性分值(LINEAR CLUSTER SCORE)转换为各个“因素对分值”并相乘。这种转换表明各个“因素对”相互影响,也就是说,只要有一个或者两个“因素对分值”较低,就有可能使集群竞争力最终的分值较低,集群竞争力是各个“因素对”的乘法综合。第二次转换只是一个比例上的转换,目的是使最后得分的满分为1000。因此,GEM模型集群竞争力的量化表达式为:$GEM = 2.5 \times [\Pi_i = 1,2,3(D_{2i-1} + D_{2i})]^{2/3}$

如果一个集群在六个因素的得分都在5分左右(达到平均水平),那么它的GEM得分为250左右,说明此企业集群的竞争力达到国内平均水平;而当六个因素的得分达到8分左右(在本国范围内有很强优势),那么它的GEM得分将在640左右,说明此企业集群竞争力在国内来说是相当高的;如果所有因素的得分都接近10分,那么本企业集群竞争力的GEM得分会接近1000,说明此企业集群的竞争力是世界级的。

二、体育产业集群竞争力评价指标体系的建立

(一)指标设计原则

体育产业中每种具体的行业评价标准有差异。要将这些行业在同一个评价体系进行评判,在设计指标时应遵循以下原则:

第一,指导性。构建体育产业集群竞争力评价指标体系,旨在从一个新的角度考察一个区域体育产业的竞争力,让主管部门了解某些方面需要进一步优化,故评价体系须具有实际指导意义。不妨借鉴学者们研究的较为成熟的评价指标体系,结合实际情况制定有效反映地方的体育产业集群竞争力指标体系,以提高评价的准确性与可靠性。

第二,代表性。所选取的指标不能过于繁杂,尽可能地选择各行业中能涵盖主要方面内容且具有代表性的指标,为实际评价可操作性奠定基础。

第三,可操作性。体育产业集群概念使用较为不普遍,因此指标须易懂,其统计方法也须按模型的要求,具有较强的可操作性,从而有效用于指导实践,而不脱离实际。

(二)评价指标设计

笔者坚持指标设计原则,总结国内外体育产业集群的相关研究,借鉴了其他研究体育产业竞争力方法的指标体系,考察了 GEM 模型在其他行业领域中的应用情况,尝试建立了适用于区域体育产业集群的 GEM 模型评价指标体系(见表 3-1)。

表 3-1 体育产业集群竞争力 GEM 模型评价指标

要素	评价指标
A. 资源	A1. 市场区位
	A2. 资本资源
	A3. 信息服务水平
	A4. 劳动力成本
	A5. 劳动力素质
B. 设施	B1. 基础服务设施
	B2. 科技水平
	B3. 体育专用设施
	B4. 政府支持性服务
	B5. 体育管理部门
	B6. 商业环境
	B7. 居民生活水平
C. 供应商和辅助行业	C1. 体育行业供应商的数量及实力
	C2. 体育辅助行业或部门(金融保险业、交通部门等)
	C3. 体育相关行业(食、住、行、游、购、娱)
	C4. 企业间的协作程度

续表

要　素	评价指标
D. 企业的结构、竞争和战略	D1. 管理模式
	D2. 竞争目标
	D3. 企业规模
	D4. 产权结构
	D5. 财务状况
E. 本地市场	E1. 市场规模
	E2. 市场份额
	E3. 增长前景
	E4. 产品标准
	E5. 本地需求独特性
F. 外部市场	F1. 市场进入障碍
	F2. 进出口障碍
	F3. 市场份额
	F4. 市场规模和前景

（三）指标权重的确定方法

本研究采用层次分析法确定指标权重。层次分析法是萨蒂（Saaty）等人20世纪70年代提出的一种决策方法。它是将半定性、半定量问题转化为定量问题的有效途径，它将各种因素层次化，并逐层比较多种关联因素，为分析和预测事物的发展提供可靠的定量依据。

层次分析法的一个重要特点就是用两两重要性程度之比的形式，表示出两个方案的重要性程度等级。如对某一准则，对其下的 n 个方案进行两两对比，并按其重要性程度评定等级。记为第 i 和第 j 因素的重要性之比，按两两比较结果构成的矩阵称作判断矩阵。例如，假定上一层的元素 *Ck* 作为准则，对下一层的元素 A1，... An 有支配关系，我们则在准则 *Ck* 之下把它们两两比较，得到判断矩阵（见表 3－2），并根据相对重要性赋予相应的权重。

表 3-2 判断矩阵

Ck	A1	A2	…	An
A1	a11	a12	…	a1n
A2	a21	a22	…	a2n
…	…	…	…	…
An	an1	an2	…	ann

在两两比较的过程中,针对准则 *Ck*,两个元素 Ai 和 Aj 哪一个更重要一些,重要多少,需要对重要多少赋予一定的数值。这里使用 1-9 的比例标度,表 3-3 列出萨蒂给出的 9 个重要性等级及其赋值。[1]

表 3-3 萨蒂给出的 9 个重要性等级及其赋值

标　度	含　　义
1	表示两个因素相比,具有相同重要性
3	表示两个因素相比,前者比后者稍重要
5	表示两个因素相比,前者比后者明显重要
7	表示两个因素相比,前者比后者强烈重要
9	表示两个因素相比,前者比后者极端重要
2,4,6,8	表示上述相邻判断的中间值
倒数	若因素 i 与因素 j 的重要性之比为 a_{ij}, 那么因素 j 与因素 i 重要性之比为 $a_{ji}=1/a_{ij}$

在调查过程中,被调查者很有可能不熟悉或不知道层次分析法,加之本次调查的因素比较多,如果采用两两比较的方法建立判断矩阵,被调查者在填写问卷的过程中,就有较大问卷填写难度,填写比较复杂,加大了出错率。所以,为了更加有效地得到专家的评价,在调查中只需要被调查者对各项因素进行评分,然后再由调查者自己通过另外的数学模型转化为判断矩阵。因此,各个因素按照重要性可分为下表中的九项指标。

[1] See Thomas L. Saaty, *The Analytic Hierarchy Process*: Planning, Priority Setting, Rosource Allocation (Decision Making Series), McGraw Hill, 1980, p. 24.

表 3－4　因素重要性九项指标

分数	9	8	7	6	5	4	3	2	1
重要程度	最重要		很重要		较重要		稍重要		不重要

通过问卷收集各专家的评分，取其平均值，按照下面的公式转化成判断矩阵[1]：

$$a_{ij}=\begin{cases}a_i-a_j+1,\text{当 } a_i-a_j\geqslant 0\\ \dfrac{1}{a_j-a_i+1},\text{当 } a_i-a_j<0\end{cases}$$

其中 a_i 和 a_j 表示各项指标得分，a_{ij} 表示 a_i 对 a_j 的相对重要性。

在层次分析法中，计算权重的方法有很多，“和法计算权重”是一种比较简便、常用的方法。在这里我们采用一种更为简便的“方根法”来计算权重。其特征向量按下式计算：

$$\overline{W_i}=\sqrt[n]{\prod_{j=1}^{n}a_{ij}}(\mathrm{i}=1,2,3,\ldots\mathrm{n})$$

判断矩阵的相应权重系数通过下式计算：

$$w_i=\frac{\overline{w_i}}{\sum_{i=1}^{n}\overline{w_i}}(\mathrm{i}=1,2,3,\ldots\mathrm{n})$$

而最大特征根则按下式计算：

$$\lambda_{\max}=\sum_{i=1}^{n}\frac{(Aw)_i}{nw_i}$$

上式中的 $(Aw)=[a][w]^T$

求 $\lambda_{\max}$ 是为了对判断矩阵进行一致性的检验。但是，一般我们并不要求判断一致性，这是客观事物的复杂性和人们认识上的多样性所决定的。而在构造两两判断矩阵时，则要求判断大体上的一致性。如果出现甲比乙极端重要，乙比丙极端重要，而丙又比甲极端重要的判断，则是违反常识的。一个混乱的经不起推敲的判断矩阵有可能导致决策失误，而且当判断矩阵

[1] 参见左军：《层次分析法中判断矩阵的间接给出法》，载《系统工程》1988 年第 6 期。

过于偏离一致性时,用上述各种计算方法的权重作为结果,其可靠程度也是值得怀疑的。因此,为了保证应用层次分析法分析得到的结论基本合理,需要对构造的判断矩阵进行一致性检验。在层次分析法中引入判断矩阵最大特征根以外的其余特征根的负平均值,以度量判断矩阵偏离一致性,其步骤如下:

(1)计算一致性指标 C. I. :

$$C.I. = \frac{\lambda_{max} - n}{n - 1}$$　其中 n 为判断矩阵的阶数;

(2)查找平均随机一致性指标 R. I. :

平均随机一致性指标是多次(500 次以上)重复进行随机判断矩阵特征根计算之后取算术平均得到的。龚木森、徐树柏 1986 年得出的 1 – 15 阶判断矩阵重复计算 1000 次的平均随机一致性指标如下:

表 3 – 5　1 – 15 阶判断矩阵重复计算 1000 次的平均随机一致性指标

阶数	1	2	3	4	5	6	7	8
R. I.	0.00	0.00	0.52	0.89	1.12	1.26	1.39	1.41
阶数	9	10	11	12	13	14	15	
R. I.	1.46	1.49	1.52	1.54	1.56	1.58	1.59	

(3)计算一致性比例 C. R. :

$$C.R. = \frac{C.I.}{R.I.}$$

当 $C.R. < 0.1$ 时,一般认为判断矩阵的一致性是可以接受的。否则,应对判断矩阵作适当的修正。

由于本研究在调查过程中收集了大量的数据,即使采用方根法仍然需要大量的时间进行计算,所以,在此方法中最大特征根 λ_{max} 和特征向量 w 以及一致性比例 C. R. 通过 Matlab 软件直接计算。Matlab 程序如下:

A = [输入相应的判断矩阵];

[x,y] = eig(A);

```
eigenvalue = diag(y);
lamda = eigenvalue(1)
y_lamda = x(:,1)/sum(x(:,1))
ci1 = (lamda - n)/(n - 1)
cr1 = ci1/随机指标
```

(四)指标权重数据获取与分析

本研究为了获得指标体系中各因素的权重和评价,采用了问卷调查法,首先向10名经济学专家发放了体育产业集群竞争力因素重要性问卷,专家对表3-6中各个因素的重要程度进行判断。重要性分"最重要、很重要、较重要、稍重要、不重要",设定1到9分,填"1"表示"不重要",而"9"表示"最重要"。专家对各要素的重要性评价评判后,使用AHP层次分析法得到各因素的权重。

表3-6　体育产业集群竞争力指标体系各因素重要程度专家评价

因　素	得　分								
	9	8	7	6	5	4	3	2	1
	最重要		很重要		较重要		稍重要		不重要
A1. 市场区位									
A2. 资本资源									
A3. 信息服务水平									
A4. 劳动力成本									
A5. 劳动力素质									
B1. 基础服务设施									
B2. 科技水平									
B3. 体育专用设施									
B4. 政府支持性服务									

续表

因素	得分								
	9	8	7	6	5	4	3	2	1
	最重要		很重要		较重要		稍重要		不重要
B5. 体育管理部门									
B6. 商业环境									
B7. 居民生活水平									
C1. 体育行业供应商数量及实力									
C2. 体育辅助行业或部门(金融保险业、交通部门等)									
C3. 体育相关行业(食、住、行、游、购、娱)									
C4. 企业间的协作程度									
D1. 管理模式									
D2. 竞争目标									
D3. 企业规模									
D4. 产权结构									
D5. 财务状况									
E1. 市场规模									
E2. 市场份额									
E3. 增长前景									
E4. 产品标准									
E5. 本地需求独特性									
F1. 市场进入障碍									
F2. 进出口障碍									
F3. 市场份额									
F4. 市场规模和前景									

通过专家调查法，并收集调查数据，运用上述方法求得各项指标的权重：

第一部分资源因素从 A1 至 A5 的原始平均得分分别为：8.2，7.9，7.5，7.3，6.1，得到的判断矩阵为表 3－7：

表 3－7 资源因素判断矩阵

A	A1	A2	A3	A4	A5
A1	1.000	1.300	1.700	1.900	3.100
A2	0.769	1.000	1.400	1.600	2.800
A3	0.588	0.714	1.000	1.200	2.400
A4	0.526	0.625	0.833	1.000	2.200
A5	0.333	0.357	0.417	0.455	1.000

λmax = 5.0196，C. I. = 0.0049，R. I. = 1.12，C. R. = 0.0044
权重 w = (0.3066，0.2510，0.1904，0.1658，0.0862)

第二部分设施因素从 B1 至 B7 的原始平均得分分别为：8.1，5.8，7.2，7.6，6.1，6.6，6.3，得到的判断矩阵为表 3－8：

表 3－8 设施因素判断矩阵

B	B1	B2	B3	B4	B5	B6	B7
B1	1.000	3.300	1.900	1.500	3.000	2.500	2.800
B2	0.303	1.000	0.417	0.357	0.769	0.556	0.667
B3	0.526	2.400	1.000	0.714	2.100	1.600	1.900
B4	0.667	2.800	1.400	1.000	2.500	2.000	2.300
B5	0.333	1.300	0.476	0.400	1.000	0.667	0.833
B6	0.400	1.800	0.625	0.500	1.500	1.000	1.300
B7	0.357	1.500	0.526	0.435	1.200	0.769	1.000

λmax = 7.0235，C. I. = 0.0039，R. I. = 1.39，C. R. = 0.0028
权重 w = (0.2720，0.0685，0.1637，0.2073，0.0820，0.1133，0.0932)

第三部分供应商和相关辅助行业因素从 C1 至 C4 的原始平均得分分别为：8.8，7.4，7.5，8.1，得到的判断矩阵为表 3－9：

表 3-9　供应商和相关辅助行业因素判断矩阵

C	C1	C2	C3	C4
C1	1.000	2.400	2.300	1.700
C2	0.417	1.000	0.909	0.588
C3	0.435	1.100	1.000	0.625
C4	0.588	1.700	1.600	1.000

λmax = 4.0043, C.I. = 0.0014, R.I. = 0.89, C.R. = 0.0016
权重 w = (0.4070, 0.1597, 0.1718, 0.2615)

第四部分企业的结构、竞争和战略因素从 D1 至 D5 的原始平均得分分别为：7.3，7.4，8.3，6.9，8.2，得到的判断矩阵为表 3-10：

表 3-10　企业的结构、竞争和战略因素判断矩阵

D	D1	D2	D3	D4	D5
D1	1.000	1.900	1.800	2.300	0.909
D2	0.526	1.000	0.909	1.400	0.500
D3	0.556	1.100	1.000	1.500	0.526
D4	0.434	0.714	0.667	1.000	0.417
D5	1.100	2.000	1.900	2.400	1.000

λmax = 5.0041, C.I. = 0.0010, R.I. = 1.12, C.R. = 0.00092237
权重 w = (0.2771, 0.1502, 0.1616, 0.1146, 0.2965)

第五部分本地市场因素从 E1 至 E5 的原始平均得分分别为：7.3，7.1，7.2，6.4，6.9，得到的判断矩阵为表 3-11：

表 3-11　本地市场因素判断矩阵

E	E1	E2	E3	E4	E5
E1	1.000	1.200	1.900	1.100	1.400
E2	0.833	1.000	1.700	0.909	1.200
E3	0.526	0.588	1.000	0.556	0.667

续表

E	E1	E2	E3	E4	E5
E4	0.909	1.100	1.800	1.000	1.300
E5	0.714	0.833	1.500	0.769	1.000

λmax = 5.0009, C. I. = 2.2424e - 004, R. I. = 1.12, C. R. = 0.0020022
权重 w = (0.2502, 0.2123, 0.1263, 0.2307, 0.1805)

第六部分外部市场因素从 F1 至 F4 的原始平均得分分别为：8.1，7.4，7.1，6.3，得到的判断矩阵为表 3 - 12：

表 3 - 12　外部市场因素判断矩阵

F	F1	F2	F3	F4
F1	1.000	1.700	2.000	2.800
F2	0.588	1.000	1.300	2.100
F3	0.500	0.769	1.000	1.800
F4	0.357	0.476	0.556	1.000

λmax = 4.0088, C. I. = 0.0029, R. I. = 1.12, C. R. = 0.0033
权重 w = (0.4042, 0.2586, 0.2096, 0.1276)

从以上 C. R. 的数据中，可以看出每组数据都通过了一致性检验，这说明数据是合理的。因此，可以确定求得的权重是准确的，整理如表 3 - 13 所示：

表 3 - 13　体育产业集群竞争力评价指标权重

因素	评 价 指 标	指标权重
A. 资源	A1. 市场区位	0.3066
	A2. 资本资源	0.2510
	A3. 信息服务水平	0.1904
	A4. 劳动力成本	0.1658
	A5. 劳动力素质	0.0862

续表

因素	评 价 指 标	指标权重
B. 设施	B1. 基础服务设施	0.2720
	B2. 科技水平	0.0685
	B3. 体育专用设施	0.1637
	B4. 政府支持性服务	0.2073
	B5. 体育管理部门	0.0820
	B6. 商业环境	0.1133
	B7. 居民生活水平	0.0932
C. 供应商和辅助行业	C1. 体育行业供应商数量及实力	0.4070
	C2. 体育辅助行业或部门(金融保险业、交通部门等)	0.1597
	C3. 体育相关行业(食、住、行、游、购、娱)	0.1718
	C4. 企业间的协作程度	0.2615
D. 企业的结构、竞争和战略	D1. 管理模式	0.2771
	D2. 竞争目标	0.1502
	D3. 企业规模	0.1616
	D4. 产权结构	0.1146
	D5. 财务状况	0.2965
E. 本地市场	E1. 市场规模	0.2502
	E2. 市场份额	0.2123
	E3. 增长前景	0.1263
	E4. 产品标准	0.2307
	E5. 本地需求独特性	0.1805
F. 外部市场	F1. 市场进入障碍	0.4042
	F2. 进出口障碍	0.2586
	F3. 市场份额	0.2096
	F4. 市场规模和前景	0.1276

三、新时代重庆市体育产业集群竞争力实证分析

（一）重庆市体育产业集群竞争力评分

对重庆市相关体育企业发放的新时代重庆市体育产业集群竞争力评价问卷调查表，主要是对重庆市体育企业的管理层进行调查。为保证问卷填写的真实性和有效性，笔者采取电子邮件发放、匿名填写、回收的方式，共发放企业问卷83份，回收有效问卷57份，回收率为68.7%。笔者根据前面求得的各项指标权重，汇总得出表3－14：

表3－14　新时代重庆市体育产业集群竞争力评价得分

因素	评价指标	指标样本均值	指标权重	得分
	A1.市场区位	8.50	0.3066	
	A2.资本资源	7.31	0.2510	
A.资源	A3.信息服务水平	7.48	0.1904	7.47652
	A4.劳动力成本	5.51	0.1658	
	A5.劳动力素质	8.11	0.0862	
	B1.基础服务设施	8.89	0.2720	
	B2.科技水平	6.70	0.0685	
	B3.体育专用设施	8.20	0.1637	
B.设施	B4.政府支持性服务	6.51	0.2073	7.76678
	B5.体育管理部门	7.32	0.0820	
	B6.商业环境	7.18	0.1133	
	B7.居民生活水平	8.40	0.0932	
	C1.体育行业供应商数量及实力	8.30	0.4070	
C.供应商和辅助行业	C2.体育辅助行业或部门（金融保险业、交通部门等）	6.60	0.1597	7.54063
	C3.体育相关行业（食、住、行、游、购、娱）	8.21	0.1718	
	C4.企业间的协作程度	6.49	0.2615	

续表

因素	评价指标	指标样本均值	指标权重	得分
D. 企业的结构、竞争和战略	D1. 管理模式	6.30	0.2771	6.42611
	D2. 竞争目标	7.40	0.1502	
	D3. 企业规模	6.32	0.1616	
	D4. 产权结构	5.71	0.1146	
	D5. 财务状况	6.37	0.2965	
E. 本地市场	E1. 市场规模	8.33	0.2502	7.9605
	E2. 市场份额	7.51	0.2123	
	E3. 增长前景	8.12	0.1263	
	E4. 产品标准	8.30	0.2307	
	E5. 本地需求独特性	7.50	0.1805	
F. 外部市场	F1. 市场进入障碍	6.20	0.4042	6.0019
	F2. 进出口障碍	6.09	0.2586	
	F3. 市场份额	5.39	0.2096	
	F4. 市场规模和前景	6.01	0.1276	

(二)GEM 模型评分计算与分析

参考 GEM 模型进行“因素对”计算和转换,各因素对得分为:

基础:PA1RSCORE(资源,设施) = (A + B)/2

= (7.47652 + 7.76678)/2

= 7.62165

企业:PAIRSCORE(供应商与辅助行业,企业的结构、竞争和战略)

= (C + D)/2

= (7.54063 + 6.42611)/2

= 6.98337

市场:PA1RSCORE(本地市场,外部市场) = (E + F)/2

= (7.9605 + 6.0019)/2

= 6.9812

$$
\begin{aligned}
GEM &= 2.5 \times \{(A+B)\times(C+D)\times(E+F)\}^{2/3} \\
&= 2.5 \times \{(7.47652+7.76678)\times(7.54063+6.42611)\times(7.9605 \\
&\quad +6.0019)\}^{2/3} \\
&\approx 380.82
\end{aligned}
$$

根据上述数据,笔者制作图 3－2:

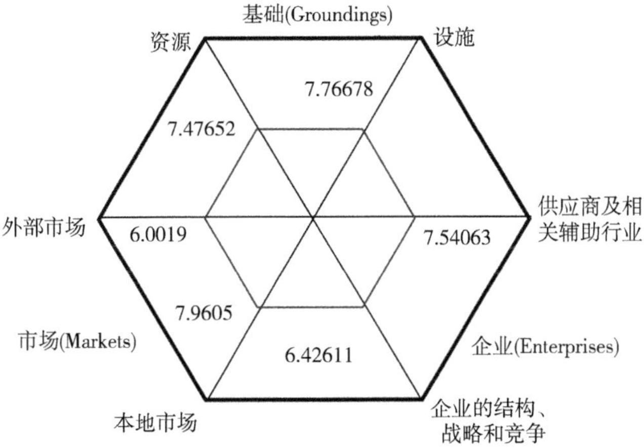

图 3－2　新时代重庆体育产业集群竞争力 GEM 模型分析

从总分来看,380.82 的得分,说明新时代重庆体育产业集群的竞争力处于全国中等水平,和预期结果差不多。总体而言,各因素之间差别不大,没有特别突出的方面。

从各个因素的得分情况来看,“本地市场”因素的得分是最高的,主要是因为在本地市场因素中没有出现较低的评价,整体保持较高水平,重庆本地的体育产业发展比较健全,具有稳定的消费人群。但是,重庆市缺乏自己独特的市场优势,不能形成具有地域特色的消费模式。而重庆市群众体育活动的蓬勃开展为体育产业培养了大量的潜在消费者。一是开展“五个百万人群”活动,使经常性参加体育锻炼的人口达到全市总人口的 40%。二是“两江四岸健身长廊工程”建设得到积极推进,打造了全民健身新平台。三是开展“百万老年人健身活动”,大力发展老年人体育。四是开展“体育三下乡”活动,向农村倾斜体育资源,在远郊农村投放了 60 套(条)健身路径。

重庆市群众体育活动惠及面大,形式丰富多样,有力促进了群众体育水平的提高。重庆市体育产业基础水平的提高使部分体育爱好者不满足于现状,随之而来的就是体育消费的个性化需求,要求提供规范化和专业化的体育服务和体育产品,从而为体育产业的发展培养了大量消费人群。

“设施”的得分也是比较高的,从这些年来重庆一直坚持“健康重庆”的发展原则,政府在建设以及基础设施的完善上投入很大。但在“科学技术”和“体育管理部门”等项得分上偏低。从访谈的结果来看,政府提供了良好的发展平台,但是在管理上存在一定的不足。

“资源”和“供应商与辅助行业”两项在得分中表现平平,在单项评分中有个别的突出表现,整体来看,“资源”与“供应商和辅助行业”提供了良好的发展基础。但是在“资源”要素当中出现了短板。通过访谈得知,劳动力成本出现两极分化:一方面,农民工的劳动力廉价,但是缺乏专业知识,影响整体劳动力的素质水平;另一方面,具有很强专业水平的专业人才,需要支付很高的报酬,增加了劳动力成本的支出。

“企业的结构、竞争和战略”和“外部市场”两项得分最低。笔者在访谈中发现,重庆市体育相关产业缺乏科学的管理方法,没有独特优势开拓外部市场,而且企业之间的联系还是低水平的,没有形成战略联盟。而在企业的结构、竞争和战略方面的认识也是只限于本企业,并没有把这方面作为提高竞争力的核心战略。重庆市体育产业机构以个体户为主,个体户占到全市体育产业单位数的 85.3%,达到 1600 家,户均注册资本仅为 14.28 万元。这些数据能够说明目前重庆市体育产业在这两方面的不足。

四、本章小结

从体育产业集群的角度出发,尝试把定量研究区域竞争力的 GEM 模型运用到体育产业上。本章通过总结国内外体育产业集群的相关研究,借鉴了其他研究体育产业竞争力方法的指标体系,考察了 GEM 模型在其他行业领域中的应用情况,尝试建立了适用于区域体育产业集群的 GEM 模型指标体系。在进一步的研究过程中,首先进行了专家问卷调查,让专家对各项评价指标的重要性进行打分,通过得分运用层次分析法确定了 GEM 模型各项指标的权重,完成了整个评价指标的建立。其次以新时代重庆市体育产业进行实证研究,通过对重庆市的主要体育相关企业进行问卷调查,通过统计分析得出体育企业对该集群各项指标的有效得分。最后经过汇总测算得出新时代重庆市区域体育产业集群竞争力评分,以此演示 GEM 模型量化分析过程。在研究过程中,也存在一些不足:一是在体育产业集群竞争力的评价中,由于指标选取和数据获得的限制,而未能进一步提出更系统、更完善的评价指标体系;二是在对重庆市体育产业集群竞争力评价的实证分析过程中,由于笔者的能力有限,在调查问卷对象的选取上,不能做到全部调查工作在体育企业第一线的管理者,这可能对实证分析的结果有所影响。

第四章　新时代重庆市体育产业区域竞争力及其实证分析

一、体育产业区域竞争力指标的构建与分析

（一）区域竞争力指标构建原则

第一，有效性原则。区域竞争力指标的选取要科学，指标的选取直接影响构建指标体系的有效性。只有指标和体系都有效，才能探索出重庆市体育产业区域竞争力的核心要素。

第二，统一性原则。统一性原则又称可比性原则。在指标的选取方面要遵守统一性原则，以客观性原则为基础。重庆市体育产业区域竞争力指标选取，要考虑指标是否具有可比性、稳定性以及增强分析功能。

第三，可获得性原则。指标应充分考虑指标量化及指标获取的难易程度。指标数据应来自国内权威专家著作及政府统计部门所公布的数据，保证指标数据真实性。

第四，系统性原则。系统性原则又称整体性原则。指标的选取要全面，要有政治、经济、人口等系统的指标；通过对各方面指标的选取分析以便构建科学的区域竞争力体系。

（二）区域竞争力指标的初步筛选

通过在中国知网检索“体育产业区域竞争力”相关文章，

发现江珊[1]、杨强[2]、卢金逵[3]、张欣[4]、薛琨[5]等近20名学者将体育产业区域竞争力指标体系分为四个方面,分别为人口方面、经济方面、体育产业方面、政府投入及相关产业方面。

1.人口方面的指标筛选

据调查研究,相关学者在人口方面所采用过的指标有20余个,其中采用频率较高的指标包括城镇化率、普通高校在校学生、文体娱乐就业人数、体育人口比例、人口自然增长率、常住人口等。根据指标被采用所重复的次数、重庆市体育产业发展实际情况、指标数据可获得性,笔者在人口方面初步筛选了两个指标,如表4-1所示。

表4-1　人口方面指标初步选取

指　　标	重复次数	指标选取
城镇化率	12	√
普通高校在校学生	8	
文体娱乐就业人数	2	
体育人口比例	2	
人口自然增长率	2	
常住人口	8	√

产业的发展离不开消费者,有消费才有产出,所以人口的质量和数量直接影响着区域体育产业的竞争力。城镇化率和常住人口体现了一个地区人口消费能力和消费总量;人口数量、城镇人口比例越大,人们的体育消费需求越大。

---

〔1〕参见江珊:《我国区域体育产业竞争力的实证分析》,华中师范大学2017年硕士学位论文。
〔2〕参见杨强:《中国体育产业区域竞争力评价》,天津财经大学2016年硕士学位论文。
〔3〕参见卢金逵:《区域体育产业竞争力评价与实证研究》,华东师范大学2009年硕士学位论文。
〔4〕参见张欣:《基于模糊理论的体育产业竞争力评价》,载《广州体育学院学报》2017年第1期。
〔5〕参见薛琨:《山东省体育产业竞争力影响因素研究》,载《山东体育科技》2014年第4期。

2. 经济方面的指标筛选

据调查研究,相关学者在经济方面所采用过的指标超过 50 余个,其中采用频率较高的指标包括人均 GDP、第三产业产值、文体娱乐占居民总消费比重、居民家庭人均文教娱乐服务消费支出、恩格尔系数、居民消费水平、第三产业占 GDP 比重、居民人均可支配收入、政府财政收入、农村居民恩格尔系数、GDP 增长率、总负担系数、人均教育经费、人均存款、在岗职工平均工资等。

根据指标被采用所重复的次数、重庆市体育产业发展实际情况、指标数据可获得性,笔者在经济方面初步筛选了七个指标,如表 4－2 所示。我国现阶段主要矛盾的变化表明我国人民的生活显著改善,对美好生活有了更美好的向往。人们逐渐从物质满足转向精神满足,而经济发展状况决定了人民的生活水平高低。体育作为文化娱乐的一部分,也势必受经济发展情况影响。文体娱乐占居民总消费的比重、各区县居民消费水平、第三产业占 GDP 比重、人均 GDP、人均 GDP 增长率、恩格尔系数、第三产业产值都反映着经济发展水平和人民消费水平。

表 4－2　经济方面指标初步选取

指　　标	重复次数	选取指标
人均 GDP	16	√
第三产业产值	7	√
恩格尔系数	8	√
居民消费水平	7	√
第三产业占 GDP 比重	7	√
居民人均可支配收入	3	
政府财政收入	3	
农村居民恩格尔系数	3	
GDP 增长率	7	√
文体娱乐占居民总消费比重	7	√
居民家庭人均文教娱乐服务消费支出	2	
总负担系数	2	

续表

指　　标	重复次数	选取指标
人均教育经费	1	
人均存款	1	
在岗职工平均工资	1	

3.体育产业方面的指标筛选

据调查研究,相关学者在体育产业方面所采用过的指标近20个,包括等级运动员数量、体育健身休闲活动市场主体、裁判员数量、体育产业从业人数、体育系统从业人数、全民健身路径工程、体育用品及相关产品制造市场主体、体育系统机构数、教练员数量、承办国际全国性赛事、体育用品及相关产品销售出租与贸易代理、获得国际国家级体育赛事奖牌数、体育企业数等。根据指标被采用所重复的次数、重庆市体育产业发展实际情况、指标数据可获得性,笔者在体育产业方面初步筛选了4个指标,如表4-3所示。

表4-3　体育产业方面指标初步选取

指　　标	重复次数	选取指标
等级运动员数量	4	
体育健身休闲活动市场主体	3	√
裁判员数量	4	
体育产业从业人数	6	√
体育系统从业人数	1	
全民健身路径工程	1	
体育用品及相关产品制造市场主体	3	√
体育系统机构数	1	
教练员数量	4	
承办国际全国性赛事	4	
体育用品及相关产品销售、出租与贸易代理	3	√
获得国际国家级体育赛事奖牌数	3	
体育企业数	2	

体育产业方面的指标直接反映体育产业竞争力，体育产业从业人数、体育健身休闲活动市场主体、体育用品及相关产品制造市场主体、体育用品及相关产品销售、出租与贸易代理直接体现了体育产业发展情况。

4. 政府投入及相关产业方面的指标筛选

据调查研究，相关学者在政府投入与相关产业方面所采用过的指标有40余个，其中采用频率较高的指标包括体育彩票收入、文体事业费用占财政支出比重、居民人均公园绿地面积、旅游业的营业收入、教育支出占财政支出比重、城市维护费用占财政支出比重、地方财政收入占GDP比重、接待旅游人数、报纸发行量等。根据指标被采用所重复的次数、重庆市体育产业发展实际情况、指标数据可获得性，笔者在政府投入及相关产业方面初步筛选了3个指标，如表4-4所示。

表4-4　政府投入及相关产业方面指标初步选取

指　　标	重复次数	选取指标
体育彩票收入	4	
文体事业费用占财政支出比重	10	√
居民人均公园绿地面积	3	
旅游业的营业收入	4	√
教育支出占财政支出比重	2	
城市维护费用占财政支出比重	2	
地方财政收入占GDP比重	4	√
接待旅游人数	2	
报纸发行量	2	

地区体育产业的发展离不开政府的支持，政府对体育产业的投入以及体育相关产业对体育产业发展起着不可忽视的作用。从地方财政收入占GDP比重、文体事业费用占财政支出比重、旅游营业收入，可以看出政府对体育产业发展的重视程度及相关产业对体育产业的影响。

综合学者对指标被采用所重复的次数、重庆市体育产业发展实际情况、指标数据可获得性，笔者初步筛选了16个指标为体育产业区域竞争力指标,见表4-5。

表4-5 体育产业区域竞争力指标(初步筛选)

序号	指　　标
1	城镇化率
2	常住人口
3	人均 GDP
4	第三产业产值
5	恩格尔系数
6	居民消费水平
7	第三产业占 GDP 比重
8	GDP 增长率
9	文体娱乐占居民总消费比重
10	体育健身休闲活动市场主体
11	体育产业从业人数
12	体育用品及相关产品制造市场主体
13	体育用品及相关产品销售、出租与贸易代理
14	文体事业费用占财政支出比重
15	旅游业的营业收入
16	地方财政收入占 GDP 比重

(三)区域竞争力指标构建

1. 样本数据的描述性统计

在学者们相关研究基础之上,笔者初步筛选重庆市体育产业区域竞争力影响因素指标,采取李克特5级量表法,将选项设置为"非常合理""合理""比较合理""不合理""非常不合理",并分别赋值5、4、3、2、1分,编制成《重庆市体育产业区域竞争力指标选取专家调查表》,采取网络发放问卷形式,通过三轮发放与回收,形成最后的重庆市体育产业区域竞争力影响因素指标。该问卷所统计的数据用于本研究的因子分析中。最后一轮共发放24

份问卷,回收24份问卷,回收率为100%,有效问卷为100%。

本研究采用SPSS26.0统计软件,通过对专家筛选后的16个可测变量进行了描述统计。从表4-6可以看出,MEAN(平均值)最低为3.92,最高为4.33。这说明,经专家筛选后确定的16项指标对构建重庆市体育产业区域竞争力体系比较重要。从Skew(偏度)和Kurt(峰值)的角度来看,为正态分布。

表4-6 样本数据的描述性统计

指标	N	MIN	MAX	MEAN	S. D	Skew		Kurt	
						Stats	S. E	Stats	S. E
A1 城镇化率	24	3	5	4.25	.794	-.497	.472	-1.202	.918
A2 常住人口	24	3	5	4.33	.816	-.716	.472	-1.092	.918
A3 文体娱乐占居民总消费比重	24	3	5	4.29	.859	-.632	.472	-1.357	.918
A4 各区县居民消费水平	24	3	5	4.17	.816	-.329	.472	-1.409	.918
A5 第三产业占重庆市GDP比重	24	3	5	4.25	.847	-.527	.472	-1.409	.918
A6 人均GDP	24	3	5	4.04	.690	-.054	.472	-.712	.918
A7 GDP增长率	24	3	5	4.04	.859	-.084	.472	-1.668	.918
A8 恩格尔系数	24	3	5	4.17	.816	-.329	.472	-1.409	.918
A9 第三产业产值	24	3	5	4.17	.868	-.346	.472	-1.618	.918
A10 体育产业从业人数	24	3	5	4.29	.859	-.632	.472	-1.357	.918
A11 体育健身休闲活动市场主体	24	3	5	4.29	.859	-.632	.472	-1.357	.918
A12 体育用品及相关产品制造市场主体	24	3	5	3.92	.830	.164	.472	-1.529	.918
A13 体育用品及相关产品销售、出租与贸易代理	24	3	5	4.08	.881	-.172	.472	-1.737	.918

续表

指标	N	MIN	MAX	MEAN	S. D	Skew		Kurt	
						Stats	S. E	Stats	S. E
A14 地方财政收入占 GDP 比重	24	3	5	4. 13	. 850	-. 253	. 472	-1. 590	. 918
A15 文体事业费用占财政支出比重	24	3	5	4. 25	. 847	-. 527	. 472	-1. 409	. 918
A16 旅游业的营业收入	24	3	5	4. 33	. 761	-. 669	. 472	-. 896	. 918

2. KMO 和巴特利特检验

根据 KMO 和巴特利特检验来判断本研究可否进行因子分析。从表 4-7 可知,KMO 值为 0. 732(大于 0. 5),近似卡方为 284. 049,自由度为 120,显著性为 0. 000(该值小于 0. 05),故具有显著性,所以分析得出此数据适合进行因子分析。

表 4-7 KMO 和巴特利特检验

KMO 取样适切性量数	巴特利特球形度检验		
	近似卡方	自由度	显著性
0. 732	284. 049	120	0. 000

3. 总方差解释

从表 4-8 可以看出,本研究共提取了特征值大于 1 的四个公因子,其累计方差贡献率为 74. 919%。

表 4-8 总方差解释

成分	初始特征值			提取载荷平方和			旋转载荷平方和		
	总计	方差(%)	累计(%)	总计	方差(%)	累计(%)	总计	方差(%)	累计(%)
1	5. 939	37. 119	37. 119	5. 939	37. 119	37. 119	5. 544	34. 649	34. 649
2	2. 225	13. 909	51. 028	2. 225	13. 909	51. 028	2. 251	14. 070	48. 719
3	2. 023	12. 641	63. 669	2. 023	12. 641	63. 669	2. 107	13. 167	61. 886
4	1. 800	11. 250	74. 919	1. 800	11. 250	74. 919	2. 085	13. 034	74. 919

续表

成分	初始特征值			提取载荷平方和			旋转载荷平方和		
	总计	方差（%）	累计（%）	总计	方差（%）	累计（%）	总计	方差（%）	累计（%）
5	0.883	5.519	80.438						
6	0.837	5.234	85.673						
7	0.658	4.112	89.785						
8	0.598	3.735	93.520						
9	0.365	2.279	95.799						
10	0.220	1.378	97.177						
11	0.166	1.035	98.212						
12	0.109	0.679	98.891						
13	0.082	0.512	99.403						
14	0.041	0.259	99.662						
15	0.034	0.212	99.874						
16	0.020	0.126	100.00						

4.公共因子碎石图

如重庆市体育产业区域竞争力指标公共因子的碎石图4－1所示，前4个公因子的坡度大，后面因子曲线坡度趋于平缓。这说明选取4个公共因子是合理的。

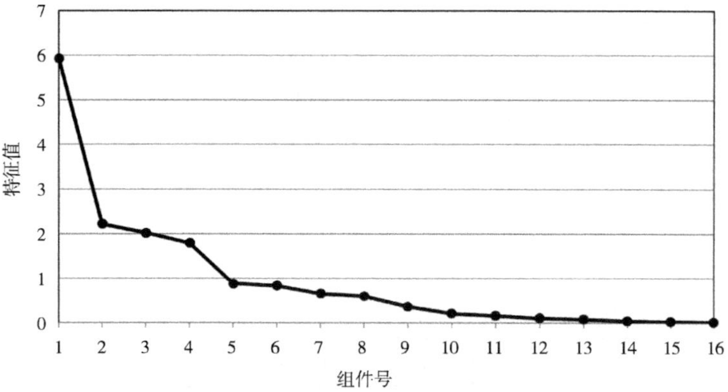

图4－1　公共因子碎石图

5. 旋转后的成分矩阵表与指标确立

由表 4－9 可以看出 A16、A1 除了在公共因子 4 中有较高的载荷，还在其他变量上有较高的载荷，因此需要对成分矩阵进行旋转。

表 4－9　成分矩阵表

因　　子	成　　分			
	1	2	3	4
A3 文体娱乐占居民总消费比重(％)	.880	－.119	.146	.142
A4 各区县居民消费水平(元)	.855	.038	－.157	－.229
A5 第三产业占重庆市 GDP 比重(％)	.838	－.375	.216	.067
A6 人均 GDP(元)	.755	.093	－.424	.060
A7GDP 增长率(％)	.752	－.187	.174	.282
A8 恩格尔系数(％)	.741	－.303	.345	.062
A9 第三产业产值(亿元)	.706	－.291	－.103	－.208
A10 体育产业从业人数(人)	.655	.108	－.297	－.459
A11 体育健身休闲活动市场主体(家)	.638	.489	.199	－.350
A12 体育用品及相关产品制造市场主体(家)	.614	.002	－.505	.081
A13 体育用品及相关产品销售、出租与贸易代理(家)	.290	.717	－.415	.272
A14 地方财政收入占 GDP 比重(％)	.128	.669	.470	－.414
A15 文体事业费用占财政支出比重(％)	.431	.206	.608	.244
A16 旅游业的营业收入(亿元)	.172	.537	－.365	.638
A1 城镇化率(％)	.137	.334	.541	.546
A2 常住人口(万人)	.034	－.441	－.137	.493

由表 4－10(旋转后的成分矩阵表)可知，A12 体育用品及相关产品制造市场主体(家)、A2 常住人口(万人)、A10 体育产业从业人数(人)、A9 第三产业产值(亿元)、A4 各区县居民消费水平(元)、A16 旅游业的营业收入

(亿元)、A1 城镇化率(%)、A6 人均 GDP(元)、A13 体育用品及相关产品销售、出租与贸易代理(家)组成公共因子 Q1;

表 4-10 旋转后的成分矩阵表

因子	成分			
	1	2	3	4
A12 体育用品及相关产品制造市场主体(家)	.885	-.148	-.110	.278
A2 常住人口(万人)	.844	.100	-.001	.328
A10 体育产业从业人数(人)	.832	.197	.264	-.090
A9 第三产业产值(亿元)	.784	-.067	.020	-.133
A4 各区县居民消费水平(元)	.764	-.199	-.037	.371
A16 旅游业的营业收入(亿元)	.726	.077	-.151	.393
A1 城镇化率(%)	.705	.497	.019	-.136
A6 人均 GDP(元)	.656	.173	.394	-.352
A13 体育用品及相关产品销售、出租与贸易代理(家)	.600	.463	-.101	-.230
A5 第三产业占重庆市 GDP 比重(%)	.054	.887	.231	.040
A7 GDP 增长率(%)	-.048	.886	-.138	.230
A14 地方财政收入占 GDP 比重(%)	-.060	-.002	.878	.286
A11 体育健身休闲活动市场主体(家)	.485	.180	.715	.169
A8 恩格尔系数(%)	.117	.030	-.659	.093
A3 文体娱乐占居民总消费比重(%)	-.062	.187	.034	.826
A15 文体事业费用占财政支出比重(%)	.181	.323	.243	.807

提取方法:主成分分析法。
旋转方法:凯撒正态化最大方差法;旋转在 11 次迭代后已收敛。

A5 第三产业占重庆市 GDP 比重(%)、A7 人均 GDP 增长率(%)组成公共因子 Q2;

A14 地方财政收入占 GDP 比重(%)、A11 体育健身休闲活动市场主体(家)、A8 恩格尔系数(%)组成公共因子 Q3；

A3 文体娱乐占居民总消费比重(%)、A15 文体事业费用占财政支出比重(%)组成公共因子 Q4。

最后,本研究所构建的新时代重庆市体育产业区域竞争力指标见表 4－11。下文将根据所构建的重庆市体育产业区域竞争力指标对重庆市体育产业区域竞争力进行实证分析。

表 4－11　新时代重庆市体育产业区域竞争力指标

维度(公共因子)	指标(因子)
Q1	A12 体育用品及相关产品制造市场主体(家)
	A2 常住人口(万人)
	A10 体育产业从业人数(人)
	A9 第三产业产值(亿元)
	A4 各区县居民消费水平(元)
	A16 旅游业的营业收入(亿元)
	A1 城镇化率(%)
	A6 人均 GDP(元)
	A13 体育用品及相关产品销售、出租与贸易代理(家)
Q2	A5 第三产业占重庆市 GDP 比重(%)
	A7 GDP 增长率(%)
Q3	A14 地方财政收入占 GDP 比重(%)
	A11 体育健身休闲活动市场主体(家)
	A8 恩格尔系数(%)
Q4	A3 文体娱乐占居民总消费比重(%)
	A15 文体事业费用占财政支出比重(%)

二、新时代重庆市体育产业区域竞争力实证分析

(一)实证分析的对象选取及数据来源

1. 对象选取

在中国知网检索相关文章,发现绝大多数学者选取的是大部分或单个区域的数据。为了解新时代重庆市体育产业区域竞争力,本研究共选取38个区县为研究对象。

2. 数据来源

本研究选取2018—2020年万州区、涪陵区、渝中区、九龙坡区、南岸区、北碚区、大足区、璧山区、铜梁区、潼南区、荣昌区、城口县、忠县、石柱土家族自治县、秀山土家族苗族自治县等26个区和12个县(自治县)相关数据对重庆市体育产业区域竞争力进行分析。数据主要来源于《重庆统计年鉴2018》《重庆统计年鉴2019》《重庆统计年鉴2020》等3份重庆统计年鉴,《2018年重庆市体育产业专项调查报告》《2019年重庆市体育产业专项调查报告》《2020年重庆市体育产业专项调查报告》等3份重庆市体育产业专项调查报告,《2019年南岸区统计年鉴》《2019年江北区统计年鉴》《大渡口区2018年国民经济和社会发展统计公报》等100余份各区县统计年鉴及国民经济和社会发展统计公报。[1] 原始数据见表4-12、表4-13、表4-14。

[1] 由于各个区县统计年鉴格式不一以及部分区县只公布了国民经济和社会发展统计公报,所以在查找数据时发现2018年576个数据缺失11个,2019年576个数据缺失14个,2020年576个数据缺失22个。本研究对缺失值采用插补法利用数据均值代替缺失值。

表 4 - 12　2018 年重庆市体育产业竞争力指标

序号	地区	X1 城镇化率（%）	X2 常住人口（万人）	X3 文体娱乐占居民总消费比重（%）	X4 各区县居民消费水平（元）	X5 第三产业占重庆市 GDP 比重（%）	X6 人均 GDP（元）	X7 人均 GDP 增长率（%）	X8 恩格尔系数（%）	X9 第三产业产值（亿元）	X10 体育产业从业人数（人）	X11 体育健身休闲活动市场主体（家）	X12 体育用品及相关产品制造市场主体（家）	X13 体育用品及相关产品销售、出租与贸易代理（家）	X14 地方财政收入占 GDP 比重（%）	X15 文体事业费用占财政支出比重（%）	X16 旅游业的营业收入（亿元）
1	万州区	66.88	164.75	11.1	21,772	57.32	59,853	0.1	35.3	563.19	5064	48	100	864	5.65	1.67	111.65
2	黔江区	55.16	48.39	9.6	15,533	46.52	51,439	7.4	36.5	115.04	3083	65	16	274	10.19	1.43	107.4
3	涪陵区	68.7	116.8	9.29*	23,163	36.93	92,443	7.1	35.7	397.39	4255	58	73	507	5.14	1.13	122.9
4	渝中区	100	66	4.3	29,110	96.81	182,540	0.9	30.1	1165.49	9063	184	80	1274	3.85	1.14	383.5
5	大渡口区	97.57	35.7	9.29*	26,049	65.91	64,082	2.7	32.2	150.37	3928	48	86	520	9.38	1.39	88.35*
6	江北区	97.88	88.51	10.4	25,439	74.72	116,836	9	37.26	768.04	6071	153	173	740	7.57	1.31	138
7	沙坪坝区	95.57	115.2	6.17	27,574	61.65	81,328	3.2	32.3	577.26	5666	48	75	591	5.90	1.53	127
8	九龙坡区	93.05	122.5	10.3	25,519	61.52	99,279	3.6	32.5	745.13	8793	395	149	953	5.71	1.04	156.95
9	南岸区	95.7	91	11.37	27,919	61.03	80,487	2.9	32.4	442.34	6740	79	114	805	8.76	1.23	168.2
10	北碚区	83.93	81.1	10.8	25,155	44.46	68,257	5.7	32.3	245.31	4755	62	84	461	5.51	1.36	80.7
11	渝北区	86.72	166.17	9.67	24,331	57.37	93,691	-2.8	33.82	885.33	8706	147	135	1082	4.89	1.38	98.07
12	巴南区	80.67	108.82	9.29*	27,117	56.00	72,489	7.1	35.21*	437.47	5477	81	173	627	6.16	1.63	111.1
13	长寿区	66.07	85.5	11.38	19,579	41.26	70,604	6.2	34.7	246.50	4724	67	139	575	5.99	0.93	57
14	江津区	59.25	138.7	8.35	22,044	32.22	65,362	10	36.98	290.69	4374	32	137	533	7.89	1.61	141.15
15	合川区	61.72	140.72	10.6	23,273	43.94	50,973	6.5	32.6	313.24	4459	112	79	553	5.71	1.29	20.18
16	永川区	66.56	114.2	9.59	17,991	42.37	74,772	9.9	32.45	358.31	3702	62	53	517	5.51	1.15	108.76

续表

序号	地区	X1 城镇化率（%）	X2 常住人口（万人）	X3 文体娱乐占居民总消费比重（%）	X4 各区县居民消费水平（元）	X5 第三产业占重庆市GDP比重（%）	X6 人均GDP（元）	X7 人均GDP增长率（%）	X8 恩格尔系数（%）	X9 第三产业产值（亿元）	X10 体育产业从业人数（人）	X11 体育健身休闲活动市场主体（家）	X12 体育用品及相关产品制造市场主体（家）	X13 体育用品及相关产品销售、出租与贸易代理（家）	X14 地方财政收入占GDP比重（%）	X15 文体事业费用占财政支出比重（%）	X16 旅游业的营业收入（亿元）
17	南川区	58.07	59.11	11.1	17,307	49.94	47,796	7.2	34.2	140.02	3556	148	45	444	8.36	1.10	69.8
18	綦江区	60.04	82.66	10.24	17,834	42.53	50,185	6.9	44.84	176.29	3906	62	69	380	5.17	0.92	54.3
19	大足区	58.86	78.86	9.29*	18,321	36.74	65,691	7.3	38.9	190.19	3039	33	28	292	5.95	1.20	101.07
20	璧山区	65.46	74.8	7.1	18,104	32.89	70,874	10	35.05	173.43	5109	61	136	668	10.03	1.25	200.91
21	铜梁区	56.36	72.6	9.29*	17,561	35.12	62,972	9.6	32.80	160.48	3045	52	46	328	7.03	1.13	37.2
22	潼南区	54.34	72.06	11.08	16,219	31.95	53,047	9.5	38.4	121.70	2628	34	20	267	5.31	1.59	40.02
23	荣昌区	56.58	71.56	9.29*	16,637	32.05	70,831	9.5	34.1	161.83	4307	193	62	370	5.61	0.92	36.9
24	开州区	47.97	118.11	7.75	16,219	39.78	40,068	7.6	37.66	188.21	3558	46	85	424	4.92	0.75	55.68
25	梁平区	46.6	65.41	9.37	15,187	35.46	50,674	9.6	33.78	117.47	3040	32	70	316	6.31	1.07	26.5
26	武隆区	44.98	34.82	9.67	16,451	50.07	52,237	6.2	36.04	90.95	3836	34	7	820	7.06	1.26	16.9
27	城口县	37.39	18.44	9.46	10,504	44.30	30,256	4.8	36.02	24.71	2437	72	10	178	7.54	1.04	7.3
28	丰都县	46.48	58.52	9.03	14,247	38.20	40,378	9.8	35.87	89.76	2856	43	27	335	8.34	0.76	14.95
29	垫江县	45.61	70.18	12.635	14,264	40.93	45,526	4.5	32	129.74	4654	101	70	565	5.35	1.06	23.8
30	忠　县	44.79	73.88	9.37	15,640	40.98	42,089	9.8	36.25	126.19	2728	46	27	305	5.99	1.27	30.93
31	云阳县	48.87	93.14	8.1	12,189	41.08	29,605	10.1	38.4	113.00	2452	54	29	229	5.82	0.75	80.04
32	奉节县	44.03	73.33	7.9	14,076	48.69	41,155	8.3	35	146.39	3028	64	16	314	5.22	0.85	80.23
33	巫山县	41.42	44.68	12.05	13,187	52.67	31,871	10	31.9	75.13	2569	42	10	318	7.30	0.92	64

续表

序号	地区	X1 城镇化率（%）	X2 常住人口（万人）	X3 文体娱乐占居民总消费比重（%）	X4 各区县居民消费水平（元）	X5 第三产业占重庆市GDP比重（%）	X6 人均GDP（元）	X7 人均GDP增长率（%）	X8 恩格尔系数（%）	X9 第三产业产值（亿元）	X10 体育产业从业人数（人）	X11 体育健身休闲活动市场主体（家）	X12 体育用品及相关产品制造市场主体（家）	X13 体育用品及相关产品销售、出租与贸易代理（家）	X14 地方财政收入占GDP比重（%）	X15 文体事业费用占财政支出比重（%）	X16 旅游业的营业收入（亿元）
34	巫溪县	36.69	38.32	2.62	11,220	49.16	26,995	8.2	39.9	50.99	1972	24	14	222	7.34	0.90	88.35*
35	石柱县	52.93	37.8	10.4	12,956	43.59	46,486	4.7	35.2	76.71	2355	38	17	241	5.96	2.00	64.5
36	秀山县	41.85	48.57	7.2	12,928	41.47	38,426	9.2	36.2	76.98	2188	55	9	232	6.78	1.27	88.35*
37	酉阳县	39.17	54.71	11.16	12,185	46.12	28,820	5.3	31.9	72.86	1901	20	9	252	7.15	1.06	66.32
38	彭水县	42.75	48.85	7.33	12,853	44.74	34,741	7.5	41.18	76.10	2296	35	30	197	7.79	0.72	88.35*

注：* 上标表示数据为 SPSS 插补法代替的缺失值。本表石柱土家族自治县、秀山土家族苗族自治县、酉阳土家族苗族自治县、彭水苗族土家族自治县分别用简称石柱县、秀山县、酉阳县、彭水县代替。表中数据来源于 2018—2020 年重庆市统计年鉴及下属区县统计年鉴，以及 2018—2020 年重庆市体育产业专项调查报告。

表 4-13 2019 年重庆市体育产业竞争力指标

序号	地区	X1 城镇化率（%）	X2 常住人口（万人）	X3 文体娱乐占居民总消费比重（%）	X4 各区县居民消费水平（元）	X5 第三产业占重庆市GDP比重（%）	X6 人均GDP（元）	X7 人均GDP增长率（%）	X8 恩格尔系数（%）	X9 第三产业产值（亿元）	X10 体育产业从业人数（人）	X11 体育健身休闲活动市场主体（家）	X12 体育用品及相关产品制造市场主体（家）	X13 体育用品及相关产品销售、出租与贸易代理（家）	X14 地方财政收入占GDP比重（%）	X15 文体事业费用占财政支出比重（%）	X16 旅游业的营业收入（亿元）
1	万州区	68.1	165.01	11.6	23,776	62.00	55,854	3.2	34.9	573.67	5444	46	87	852	5.79	1.50	150.91
2	黔江区	57.21	48.59	9.65	16,152	55.00	47,318	3	35.7	126.47	2164	60	14	261	9.84	1.32	160
3	涪陵区	69.98	117.03	9.8*	24,981	38.00	100,814	8.1	35.5	455.52	3985	41	45	493	4.62	1.23	161.25
4	渝中区	100	66.24	4.5	31,092	90.00	196,816	5	29.7	1179.08	8951	185	69	1260	3.22	1.01	463.5
5	大渡口区	97.71	36.2	9.8*	27,380	60.00	70,530	5.3	32.2	154.03	3318	49	74	508	9.14	1.19	107.14*

续表

序号	地区	X1 城镇化率（%）	X2 常住人口（万人）	X3 文体娱乐占居民总消费比重（%）	X4 各区县居民消费水平（元）	X5 第三产业占重庆市GDP比重（%）	X6 人均GDP（元）	X7 人均GDP增长率（%）	X8 恩格尔系数（%）	X9 第三产业产值（亿元）	X10 体育产业从业人数（人）	X11 体育健身休闲活动市场主体（家）	X12 体育用品及相关产品制造市场主体（家）	X13 体育用品及相关产品销售、出租与贸易代理（家）	X14 地方财政收入占GDP比重（%）	X15 文体事业费用占财政支出比重（%）	X16 旅游业的营业收入（亿元）
6	江北区	98.83	90.28	10.63	26,234	76.00	138,718	8	36.82	953.69	6305	162	153	726	5.91	1.05	138
7	沙坪坝区	96.31	116.5	6.5	30,572	67.00	84,314	6.1	32.1	658.58	4357	49	4	577	5.81	1.40	143.5
8	九龙坡区	93.38	123.3	9.8*	28,043	64.00	119,030	6.3	34.65*	943.80	7692	378	137	939	4.34	1.16	181.75
9	南岸区	96.4	92.8	11.1	29,874	61.00	83,850	6.1	33.8	472.22	5839	71	80	786	7.45	1.46	224.57
10	北碚区	85.44	81.6	11.7	27,089	46.00	74,486	6	34.65*	280.11	3740	54	68	449	5.04	1.58	109.1
11	渝北区	88.68	168.35	10.33	26,893	68.00	110,501	1.9	33.11	1260.71	7694	139	110	1068	4.09	1.45	133.23
12	巴南区	82.07	109.12	9.8*	29,787	55.00	80,281	6	34.65*	483.06	5019	67	158	613	5.90	1.74	133
13	长寿区	68.1	86.2	10.75	22,666	35.00	81,681	8.8	32.77	246.56	4605	58	119	562	5.02	0.83	71
14	江津区	59.63	139.8	8.74	24,301	32.00	74,452	8.6	36.7	339.62	4220	23	106	517	6.32	1.88	166.58
15	合川区	62.92	143.18	10.97	25,279	42.00	64,284	8.9	31.92	390.49	3429	92	62	543	4.55	1.62	69.5
16	永川区	68.33	114.31	9.79	21,167	38.00	83,383	9	34.64	369.54	3646	42	29	503	4.07	1.40	142
17	南川区	59.52	60.27	11.2	18,812	48.00	55,948	7.5	33.6	161.00	3187	140	24	427	6.96	1.57	70.06
18	綦江区	62.38	82.58	12.09	19,051	41.00	57,991	7.3	33.4	199.38	2984	44	59	362	4.21	1.10	74.1
19	大足区	60.05	78.9	9.8*	20,511	36.00	81,876	7.7	34.65*	235.20	2223	26	11	278	6.03	1.44	107.14*
20	璧山区	68.57	75.5	8.9	19,368	42.00	90,621	8.6	33.85	290.25	4895	63	112	655	7.35	1.47	70.91
21	铜梁区	59.24	72.62	9.8*	19,416	36.00	84,914	8.7	32.6	224.24	2311	45	41	315	5.18	1.48	42.2
22	潼南区	56.33	72.59	11.47	17,373	40.00	62,368	7.8	36.95	181.46	2142	46	19	255	4.49	1.22	55.06

续表

序号	地区	X1 城镇化率（%）	X2 常住人口（万人）	X3 文体娱乐占居民总消费比重（%）	X4 各区县居民消费水平（元）	X5 第三产业占重庆市 GDP 比重（%）	X6 人均 GDP（元）	X7 人均 GDP 增长率（%）	X8 恩格尔系数（%）	X9 第三产业产值（亿元）	X10 体育产业从业人数（人）	X11 体育健身休闲活动市场主体（家）	X12 体育用品及相关产品制造市场主体（家）	X13 体育用品及相关产品销售、出租与贸易代理（家）	X14 地方财政收入占 GDP 比重（%）	X15 文体事业费用占财政支出比重（%）	X16 旅游业的营业收入（亿元）
23	荣昌区	58.36	72.03	10.15	18,202	39.00	90,889	9.1	33.46	255.40	3197	168	42	351	4.29	1.04	38.78
24	开州区	49.58	118.15	7.89	18,025	44.00	42,800	6.4	37.6	222.78	2915	30	65	406	5.00	0.63	64.57
25	梁平区	48.36	65.8	9.41	16,712	37.00	70,749	8.2	33.23	175.20	2104	22	47	299	4.38	0.87	45.8
26	武隆区	47.33	35.52	10.01	18,109	50.00	59,613	7.2	35.98	105.17	4195	29	6	806	5.66	1.23	17
27	城口县	39.24	18.55	9.13	11,881	61.00	28,385	6	36.76	32.46	1696	55	9	162	8.28	1.04	8.39
28	丰都县	47.88	59.27	9	16,140	44.00	51,929	6.4	36.27	136.08	2625	30	13	319	7.31	0.76	29.76
29	垫江县	47.43	72	12.756	17,414	40.00	58,638	6.5	31.9	169.65	4670	102	53	549	4.00	1.35	32.2
30	忠　县	46.58	75.39	9.88	17,405	44.00	53,184	8.9	34.71	176.22	2567	43	18	291	4.70	1.21	51.25
31	云阳县	50.87	92.66	8.5	13,912	50.00	46,420	5.4	37.55	216.27	2489	54	24	215	3.72	0.97	100.73
32	奉节县	45.58	73.98	8.3	14,695	44.00	41,194	6.3	34.15	133.69	2663	52	19	300	4.87	1.00	100.55
33	巫山县	42.62	44.53	12.25	14,642	53.00	38,778	8.6	32.1	92.97	2395	49	10	304	6.08	1.08	83.2
34	巫溪县	38.19	38.49	5.71	12,490	53.00	28,011	7	39.7	57.95	1637	34	8	206	7.14	0.81	107.14*
35	石柱县	55.44	37.9	10.8	13,891	55.00	42,109	0.8	35.5	87.92	1835	23	8	227	6.28	0.97	93.24
36	秀山县	43.45	48.69	11.05	14,004	46.00	58,196	8	36.9	132.69	2019	43	7	215	3.67	1.25	107.14*
37	酉阳县	40.24	54.65	10.79	13,250	62.00	34,148	0.1	32.1	117.05	1844	25	4	239	5.46	1.13	81.6
38	彭水县	45.62	47.85	8.3	13,953	50.00	45,973	6.5	39.94	111.48	1550	23	13	184	6.08	0.84	135.6

注：* 上标表示数据为 SPSS 插补法代替的缺失值。本表石柱土家族自治县、秀山土家族苗族自治县、酉阳土家族苗族自治县、彭水苗族土家族自治县分别用简称石柱县、秀山县、酉阳县、彭水县代替。表中数据来源于 2018—2020 年重庆市统计年鉴及下属区县统计年鉴，以及 2018—2020 年重庆市体育产业专项调查报告。

表 4－14　2020 年重庆市体育产业竞争力指标

序号	地区	X1 城镇化率（%）	X2 常住人口（万人）	X3 文体娱乐占居民总消费比重（%）	X4 各区县居民消费水平(元)	X5 第三产业占重庆市 GDP 比重(%)	X6 人均 GDP（元）	X7 人均 GDP 增长率（%）	X8 恩格尔系数（%）	X9 第三产业产值（亿元）	X10 体育产业从业人数(人)	X11 体育健身休闲活动市场主体(家)	X12 体育用品及相关产品制造市场主体(家)	X13 体育用品及相关产品销售、出租与贸易代理(家)	X14 地方财政收入占 GDP 比重(%)	X15 文体事业费用占财政支出比重（%）	X16 旅游业的营业收入（亿元）
1	万州区	68.92	156.85	11	24,411	62.50	61,989	2.40	37	606.71	5048	38	83	833	6.92	1.46	95.7
2	黔江区	59.18	48.75	9.73	17,242	51.68	50,372	3.90	35.7	126.70	1768	52	10	242	10.63	1.34	145
3	涪陵区	71.85	111.8	9.83*	26,556	37.78	109,966	4.30	35.5	462.87	3589	33	41	474	4.50	1.23	194.73
4	渝中区	100	58.72	7.45	32,509	90.38	229,588	3.60	29.5	1227.83	8555	172	65	1241	3.25	1.29	323.8
5	大渡口区	97.75	42.3	9.83*	28,068	56.35	63,624	3.00	35.2	150.15	2922	41	70	489	8.46	1.42	95.08*
6	江北区	99.15	92.65	11.75	26,942	78.50	143,380	3.90	37.19	1040.41	5909	146	139	707	5.07	1.21	41.4
7	沙坪坝区	96.62	148	5.9	31,888	67.75	69,064	3.00	33.6	686.97	3961	41	3	558	4.12	1.60	84.9
8	九龙坡区	93.54	152.99	9.83*	28,916	63.36	100,999	3.90	35.01*	971.37	7278	333	119	920	3.41	1.74	187.4
9	南岸区	96.69	120.02	9.6	29,959	61.96	68,415	3.50	35.5	503.90	5443	63	76	767	7.13	1.72	232.27
10	北碚区	86.13	83.63	9.6	28,366	48.18	76,718	3.80	35.01*	306.59	3344	46	64	430	4.46	1.56	198.52
11	渝北区	89.06	219.87	10.45	29,180	65.99	92,690	3.60	32.8	1326.07	7298	125	97	1049	3.34	1.63	96.58
12	巴南区	82.92	118.08	12.16	32,020	53.20	73,730	3.50	31.44	460.45	4623	59	145	594	6.25	1.68	95.08*
13	长寿区	69.9	69.21	11.1	23,972	35.11	105,057	4.20	32.27	257.22	4209	50	106	543	5.72	1.53	65
14	江津区	60.16	136.09	7.96	25,442	33.24	81,757	3.90	37.68	368.74	3966	15	93	498	5.52	1.80	75.6
15	合川区	63.9	124.49	9.83*	26,813	44.20	77,699	2.50	35.01*	429.80	3175	84	53	524	4.33	1.61	95.08*
16	永川区	69.94	114.99	9.22	22,699	38.82	88,367	3.00	35.36	393.05	3392	34	25	484	4.00	1.49	164

续表

序号	地区	X1 城镇化率（%）	X2 常住人口（万人）	X3 文体娱乐占居民总消费比重（%）	X4 各区县居民消费水平（元）	X5 第三产业占重庆市GDP比重（%）	X6 人均GDP（元）	X7 人均GDP增长率（%）	X8 恩格尔系数（%）	X9 第三产业产值（亿元）	X10 体育产业从业人数（人）	X11 体育健身休闲活动市场主体（家）	X12 体育用品及相关产品制造市场主体（家）	X13 体育用品及相关产品销售、出租与贸易代理（家）	X14 地方财政收入占GDP比重（%）	X15 文体事业费用占财政支出比重（%）	X16 旅游业的营业收入（亿元）
17	南川区	60.97	57.33	11.4	19,659	47.02	63,225	4.10	33.62	169.63	2933	127	20	408	6.53	1.54	57.34
18	綦江区	64.55	77.57	11.5	20,102	42.45	64,244	3.00	34	212.38	2730	36	55	343	4.09	1.85	31.25
19	大足区	60.52	83.61	9.83*	21,679	40.64	84,245	4.40	35.3	284.72	1969	18	7	259	6.04	1.71	112.87
20	璧山区	70.86	75.8	9.1	20,377	41.89	99,347	4.80	33.1	312.95	4641	56	101	636	6.77	1.70	34.58
21	铜梁区	61.69	68.75	9.83*	20,566	35.74	96,896	4.40	33.4	236.24	2057	38	37	296	5.24	1.73	45.36
22	潼南区	58.32	68.9	10.38	18,359	40.39	69,310	4.30	37.6	191.95	1888	39	15	236	4.27	1.29	43.77
23	荣昌区	59.88	66.92	10.24	19,576	36.99	106,177	4.90	33.17	262.58	2943	151	38	332	4.26	1.06	42.38
24	开州区	50.57	120.46	7.24	18,759	45.11	44,575	2.70	38.99	241.71	2661	23	61	387	4.72	1.29	65.02
25	梁平区	50.13	64.48	8.65	17,774	38.75	76,330	3.10	34.1	191.13	1970	15	43	280	4.24	1.29	53.16
26	武隆区	49.27	35.71	10.49	19,053	47.95	62,954	4.00	35.83	107.50	4061	22	5	787	5.96	1.74	18
27	城口县	41.16	19.76	9.83*	13,073	59.85	27,979	1.80	35.01*	33.03	1562	48	8	143	7.99	0.77	95.08*
28	丰都县	49.21	55.58	8.61	16,837	41.77	59,870	3.00	36.23	140.09	2491	23	9	300	6.85	1.12	35.02
29	垫江县	49.25	64.98	10.63	19,537	42.51	68,204	4.00	32.5	189.08	4536	88	49	530	3.91	1.61	29.59
30	忠　县	48.27	72.12	9.89	18,857	42.59	59,338	4.10	33.74	182.14	2433	39	14	272	4.50	1.35	51.4
31	云阳县	52.88	92.95	7.93	15,279	46.80	49,845	2.60	37.84	216.50	2355	50	20	196	3.64	1.24	80.68

续表

序号	地区	X1 城镇化率（%）	X2 常住人口（万人）	X3 文体娱乐占居民总消费比重（%）	X4 各区县居民消费水平(元)	X5 第三产业占重庆市 GDP 比重(%)	X6 人均 GDP（元）	X7 人均 GDP 增长率（%）	X8 恩格尔系数（%）	X9 第三产业产值（亿元）	X10 体育产业从业人数(人)	X11 体育健身休闲活动市场主体(家)	X12 体育用品及相关产品制造市场主体(家)	X13 体育用品及相关产品销售、出租与贸易代理(家)	X14 地方财政收入占 GDP 比重(%)	X15 文体事业费用占财政支出比重（%）	X16 旅游业的营业收入（亿元）
32	奉节县	49.53	74.53	9.83*	15,611	43.40	43,430	2.50	35.01*	140.24	2529	48	15	281	4.80	1.20	40.3
33	巫山县	43.39	46.26	11.77	15,618	52.23	40,908	3.60	32.5	98.59	2261	45	9	285	5.91	1.64	91
34	巫溪县	40.31	38.93	9.83*	13,203	53.37	28,461	2.70	37.99	58.80	1503	30	7	187	6.65	0.91	95.08*
35	石柱县	57.89	38.92	11.4	14,397	53.27	44,069	2.50	34.9	91.12	1701	19	7	208	5.98	1.00	95.08*
36	秀山县	45.34	49.68	9.29	14,615	50.12	60,893	3.90	37.7	151.00	1885	39	6	196	3.66	1.21	101.27
37	酉阳县	42.19	60.78	10.89	14,088	62.62	33,191	2.00	39.1	125.96	1710	21	3	220	4.53	1.21	61.08
38	彭水县	48.25	52.86	9.83*	15,023	52.28	45,774	4.20	35.01*	128.14	1416	19	11	165	5.77	0.95	143.61

注：* 上标表示数据为 SPSS 插补法代替的缺失值。本表石柱土家族自治县、秀山土家族苗族自治县、酉阳土家族苗族自治县、彭水苗族土家族自治县分别用简称石柱县、秀山县、酉阳县、彭水县代替。表中数据来源于 2018—2020 年重庆市统计年鉴及下属区县统计年鉴，以及 2018—2020 年重庆市体育产业专项调查报告。

(二)区域竞争力实证因子分析

1. KMO 和巴特利特检验表

由于收集指标数据的量级差异较大,为了消除指标之间的取值范围差异和量纲的影响,笔者首先对数据进行标准化处理。其次进行 KMO 与巴特利特球形分析检验,分析收集数据是否适合进行因子分析。KMO 数值大于 0.5,说明适合进行因子分析,且 KMO 数值越接近 1,越适合进行因子分析;KMO 数值小于 0.5,说明不适合进行因子分析,且越小,越不适合进行因子分析。巴特利特检验表适用于检验各变量是否各自独立,当显著性 <0.05 时,说明符合标准,各个变量相互独立。

从表 4-15 可以发现,KMO 值为 0.662(大于 0.5),所以收集数据适合进行因子分析。近似卡方为 452.678,自由度为 120,显著性为 0,说明符合标准,各个变量在一定程度上相互独立,适合进行因子分析。

表 4-15　变量的 KMO 和巴特利特的检验结果

KMO 取样适切性量数	巴特利特球形度检验		
	近似卡方	自由度	显著性
0.662	452.678	120	0.000

2. 公因子方差表

本研究采用 SPSS26.0 对重庆市体育产业区域竞争力进行探索性因子分析,提取值越大,说明此变量能被因子说明的程度越高,结果如表 4-16 所示。

由表 4-16 可知,各变量分别被提取出的比例在 0.6—1.0 之间,其中 X6 人均 GDP、X9 第三产业产值、X10 体育产业从业人数提取值在 0.9 以上,说明这三个变量能被因子说明的程度很高。X2 常住人口、X7 人均 GDP 增长率、X11 体育健身休闲活动市场主体、X12 体育用品及相关产品制造市场主体、X14 地方财政收入占 GDP 比重、X15 文体事业费用占财政支出比重提取值在 0.7 以下,说明这六个变量能被因子说明的程度相对 X6 人均 GDP,X9 第三产业产值、X10 体育产业从业人数来说较低。

表 4－16 公因子方差

因　　子	初始	提取
X1 城镇化率(%)	1.000	.852
X2 常住人口(万人)	1.000	.680
X3 文体娱乐占居民总消费比重(%)	1.000	.747
X4 各区县居民消费水平(元)	1.000	.882
X5 第三产业占重庆市 GDP 比重(%)	1.000	.879
X6 人均 GDP(元)	1.000	.916
X7 人均 GDP 增长率(%)	1.000	.691
X8 恩格尔系数(%)	1.000	.742
X9 第三产业产值(亿元)	1.000	.908
X10 体育产业从业人数(人)	1.000	.918
X11 体育健身休闲活动市场主体(家)	1.000	.627
X12 体育用品及相关产品制造市场主体(家)	1.000	.671
X13 体育用品及相关产品销售、出租与贸易代理(家)	1.000	.841
X14 地方财政收入占 GDP 比重(%)	1.000	.608
X15 文体事业费用占财政支出比重(%)	1.000	.699
X16 旅游业的营业收入(亿)	1.000	.737

提取方法:主成分分析法。

3. 总方差解释表

总方差解释表一共包含三个方面的信息:初始特征值、提取载荷平方和、旋转载荷平方和。其中,初始特征值是衡量因子重要程度的指标,方差贡献率为特征值除以总方差,表示方差占原变量总方差比例,累计方差贡献率以前几个因子方差总和表示。

表 4－17　总方差解释

成分	初始特征值			提取载荷平方和			旋转载荷平方和		
	总计	方差（%）	累计（%）	总计	方差（%）	累计（%）	总计	方差（%）	累计（%）
1	7.698	48.11	48.115	7.698	48.115	48.115	6.338	39.612	39.612
2	2.101	13.13	61.249	2.101	13.134	61.249	2.301	14.381	53.992
3	1.425	8.904	70.153	1.425	8.904	70.153	1.937	12.105	66.097
4	1.174	7.336	77.489	1.174	7.336	77.489	1.823	11.391	77.489
5	.996	6.228	83.717						
6	.862	5.387	89.104						
7	.454	2.836	91.940						
8	.334	2.088	94.028						
9	.302	1.890	95.918						
10	.283	1.771	97.688						
11	.139	.871	98.559						
12	.123	.772	99.331						
13	.055	.345	99.676						
14	.029	.179	99.854						
15	.015	.097	99.951						
16	.008	.049	100.000						

据表 4－17 可知，本研究共提取了特征值大于 1 的 4 个因子，特征值分别为 7.698、2.101、1.425、1.174，各因子变量的方差贡献率分别为 48.115%、13.134%、8.904%、7.336%，其方差贡献累计率为 77.489%。

4. 公共因子碎石图

如图 4－2 重庆市体育产业区域竞争力的公共因子的碎石图所示：前 4 个公共因子的特征值下降趋势较为显著，这说明提取 4 个公共因子是合理的。

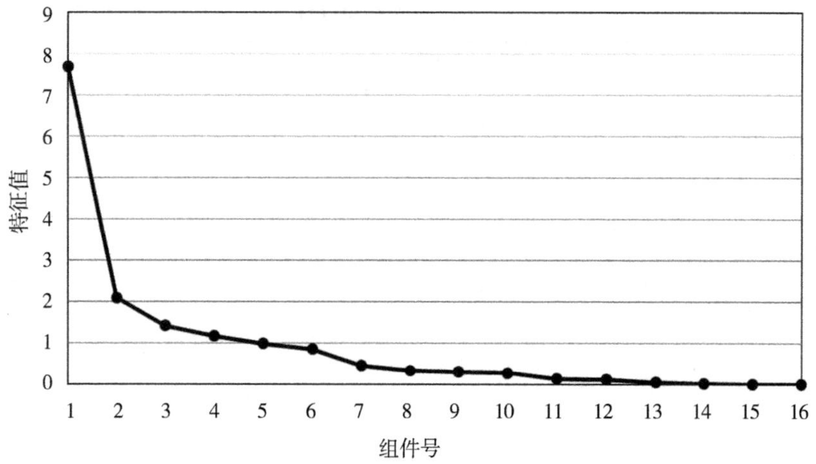

图 4-2　公共因子碎石图

5. 旋转后的成分矩阵表

表 4-18 提取方法为主成分分析法，一共提取了 4 个成分，从表中可以看出 X2、X5、X7、X3 除了在公共因子 2 中有较高的载荷，还在其他变量上有较高的载荷，因此需要对成分矩阵进行旋转。

表 4-18　成分矩阵表

因　子	成　分			
	1	2	3	4
X10 体育产业从业人数(人)	.956	.052	.012	-.030
X9 第三产业产值(亿元)	.949	-.080	.017	.044
X13 体育用品及相关产品销售、出租与贸易代理(家)	.912	.049	.065	-.049
X1 城镇化率(%)	.910	-.017	.105	.111
X4 各区县居民消费水平(元)	.908	.182	.097	.123
X6 人均 GDP(元)	.902	-.092	-.304	.037
X16 旅游业的营业收入(亿元)	.743	-.414	.020	.115
X11 体育健身休闲活动市场主体(家)	.678	-.024	-.230	-.336

续表

因　　子	成　　分			
	1	2	3	4
X12 体育用品及相关产品制造市场主体(家)	.649	.437	.024	.241
X2 常住人口(万人)	.539	.528	.214	.255
X5 第三产业占重庆市 GDP 比重(%)	.609	-.666	.212	-.141
X7 人均 GDP 增长率(%)	-.056	.588	-.530	.248
X3 文体娱乐占居民总消费比重(%)	-.298	.556	.309	-.503
X14 地方财政收入占 GDP 比重(%)	-.280	-.241	.656	.202
X15 文体事业费用占财政支出比重(%)	.332	.490	.581	-.105
X8 恩格尔系数(%)	-.458	-.098	.135	.710

由旋转后的成分矩阵表 4-19 可以看出,公共因子 F1 主要由 X4 各区县居民消费水平(元)、X1 城镇化率(%)、X10 体育产业从业人数(人)、X9 第三产业产值(亿元)、X13 体育用品及相关产品销售、出租与贸易代理(家)、X12 体育用品及相关产品制造市场主体(家)、X2 常住人口(万人)、X6 人均 GDP(元)、X16 旅游业的营业收入(亿元)决定。我们将公共因子 F1 命名为体育产业发展因子。

表 4-19　旋转后的成分矩阵表

因　　子	成　　分			
	1	2	3	4
X4 各区县居民消费水平(元)	.910	.222	.054	.029
X1 城镇化率(%)	.857	.232	.204	.148
X10 体育产业从业人数(人)	.851	.404	.146	.100
X9 第三产业产值(亿元)	.834	.342	.220	.217
X13 体育用品及相关产品销售、出租与贸易代理(家)	.816	.375	.179	.055

续表

因　子	成　分			
	1	2	3	4
X12 体育用品及相关产品制造市场主体(家)	.774	.057	-.250	-.082
X2 常住人口(万人)	.744	-.092	-.221	-.263
X6 人均 GDP(元)	.722	.484	.023	.400
X16 旅游业的营业收入(亿元)	.588	.208	.403	.431
X8 恩格尔系数(%)	-.171	-.800	-.127	.238
X11 体育健身休闲活动市场主体(家)	.435	.647	.087	.104
X14 地方财政收入占 GDP 比重(%)	-.110	-.584	.473	-.177
X7 人均 GDP 增长率(%)	.079	.033	-.826	.031
X5 第三产业占重庆市 GDP 比重(%)	.358	.263	.751	.344
X3 文体娱乐占居民总消费比重(%)	-.216	.112	-.114	-.822
X15 文体事业费用占财政支出比重(%)	.509	-.073	.099	-.652

提取方法:主成分分析法。
旋转方法:凯撒正态化最大方差法;旋转在 7 次迭代后已收敛。

公共因子 F2 主要由 X8 恩格尔系数(%)、X11 体育健身休闲活动市场主体(家)、X14 地方财政收入占 GDP 比重(%)决定。我们将公共因子 F2 命名为消费动力因子。

公共因子 F3 主要由 X7GDP 增长率(%)、X5 第三产业占重庆市 GDP 比重(%)决定。我们将公共因子 F3 命名为现代经济发展因子。

公共因子 F4 主要由 X3 文体娱乐占居民总消费比重(%),X15 文体事业费用占财政支出比重(%)决定。我们将公共因子 F4 命名为政府支持因子。于是,我们得到图 4-3。

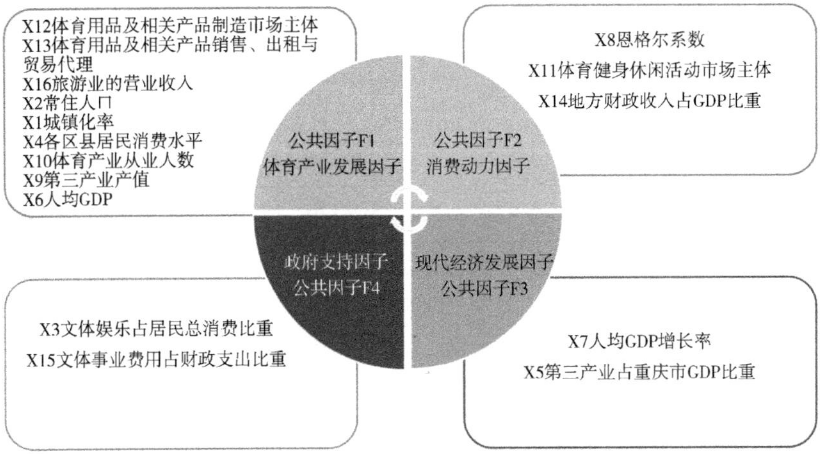

图4－3　公共因子分类

6. 因子得分的计算

确定公共因子之后，运用 SPSS 根据回归方程计算出成分得分系数矩阵，如表 4－20 所示。

表4－20　成分得分系数矩阵

因　子	成　分			
	1	2	3	4
X1 城镇化率(%)	.157	.023	－.003	－.168
X2 常住人口(万人)	.138	－.204	.073	－.028
X3 文体娱乐占居民总消费比重(%)	－.063	.123	.564	.106
X4 各区县居民消费水平(元)	.186	－.080	.014	－.185
X5 第三产业占重庆市 GDP 比重(%)	－.010	.389	－.061	－.006
X6 人均 GDP(元)	.103	－.067	－.130	.140
X7 人均 GDP 增长率(%)	.090	－.519	－.189	.053
X8 恩格尔系数(%)	.037	－.225	－.360	－.233
X9 第三产业产值(亿元)	.095	.044	－.052	.109

续表

因　　子	成　　分			
	1	2	3	4
X10 体育产业从业人数(人)	.105	.042	.013	.083
X11 体育健身休闲活动市场主体(家)	.004	.092	.036	.293
X12 体育用品及相关产品制造市场主体(家)	.158	-.138	.037	-.107
X13 体育用品及相关产品销售、出租与贸易代理(家)	.102	.065	.030	.053
X14 地方财政收入占 GDP 比重(%)	.077	.122	-.051	-.612
X15 文体事业费用占财政支出比重(%)	.155	-.098	.269	-.341
X16 旅游业的营业收入(亿元)	.090	.070	-.231	-.050

提取方法:主成分分析法。
旋转方法:凯撒正态化最大方差法组件得分。

根据表4-20可知4个因子在各个指标的得分情况,所以可计算出4个因子的得分,以及可根据总方差解释表中数据算出各个区县的综合得分。本研究4个因子得分公式可表达为:

$F1 = 0.157 \times X1 + 0.138 \times X2 - 0.063 \times X3 + 0.186 \times X4 + ... + 0.155 \times X15 + 0.090 \times X16$

$F2 = 0.023 \times X1 - 0.204 \times X2 + 0.123 \times X3 - 0.080 \times X4 + ... - 0.098 \times X15 + 0.070 \times X16$

$F3 = -0.003 \times X1 + 0.073 \times X2 + 0.564 \times X3 + 0.014 \times X4 + ... + 0.269 \times X15 - 0.231 \times X16$

$F4 = -0.168 \times X1 - 0.028 \times X2 + 0.106 \times X3 - 0.185 \times X4 + ... - 0.341 \times X15 - 0.050 \times X16$

$F_{总} = 39.612\% \times F1 + 14.381\% \times F2 + 12.105\% \times F3 + 11.391\% \times F4$

表4-21、表4-22、表4-23分别为2018年、2019年、2020年重庆市各区县因子得分及排名表。

表 4－21　2018 年重庆市 38 区县因子得分及排名

区县（简称）	F1		F2		F3		F4		综合得分	
	得分	排名	得分	排名	得分	排名	得分	排名	得分	排名
万州	0.14026	15	1.64939	4	－0.92459	34	0.14648	19	0.37978	9
黔江	－0.01681	17	－0.67483	27	0.19747	15	1.93192	2	0.01146	14
涪陵	－0.49411	26	0.96241	7	0.27751	14	－0.64581	29	0.06678	13
渝中	3.46892	1	－0.26989	20	3.25742	1	－0.91591	30	1.3177	1
大渡口	1.31932	4	－0.35252	23	－0.15644	19	2.4869	1	0.52759	7
江北	0.7021	6	1.29808	5	0.80895	5	0.50514	9	0.69379	2
沙坪坝	0.60488	9	0.9693	6	0.77706	6	0.71654	8	0.59282	5
九龙坡	2.09562	2	0.59136	12	－0.41378	24	－2.05172	38	0.59186	6
南岸	1.37817	3	0.64368	10	－0.32101	21	1.36917	5	0.68754	3
北碚	0.35878	12	0.53104	13	－0.87502	32	0.36205	11	0.18437	12
渝北	1.15793	5	1.74954	3	－0.66093	29	－1.19361	35	0.64105	4
巴南	－0.19531	22	1.80503	2	0.04558	16	0.75153	7	0.4757	8
长寿	－0.04884	18	0.47603	14	－0.76697	31	－0.59101	27	－0.03047	16
江津	－1.52414	38	2.06979	1	0.55402	9	1.06776	6	0.20735	11
合川	－0.0954	20	0.81027	8	－1.30961	37	－0.61928	28	－0.02237	15
永川	－0.1647	21	0.28873	17	－0.1103	18	－0.52856	26	－0.03628	17
南川	0.61202	8	－0.87013	29	－0.71843	30	0.35575	13	－0.08052	18
綦江	－1.39875	37	0.62436	11	0.47198	10	－1.13085	33	－0.3283	27
大足	－0.88292	31	0.21453	18	0.41563	12	－0.05036	22	－0.18235	21
璧山	－0.50526	27	0.68181	9	1.33553	4	1.55273	3	0.30221	10
铜梁	－0.28576	24	－0.32716	21	－0.39051	23	0.16819	17	－0.20454	22
潼南	－1.14574	35	0.38236	15	－0.65095	28	0.22491	15	－0.31835	25
荣昌	－0.01024	16	－0.49195	26	－0.43287	26	－1.46833	36	－0.30771	24
开州	－1.15071	36	0.3218	16	0.42523	11	－1.60297	37	－0.3744	32
梁平	－0.55995	28	－0.34884	22	－0.42066	25	－0.18413	25	－0.33139	28
武隆	0.34362	13	－0.92539	31	－0.37628	22	0.44219	10	－0.13391	20
城口	0.14596	14	－1.76624	38	－0.50394	27	0.16893	16	－0.45238	37

续表

区县（简称）	F1		F2		F3		F4		综合得分	
	得分	排名	得分	排名	得分	排名	得分	排名	得分	排名
丰都	-0.48494	25	-0.97203	33	0.01507	17	-0.04125	21	-0.40719	35
垫江	0.62546	7	-0.68909	28	-1.92234	38	-0.93417	31	-0.27787	23
忠县	-0.75989	30	-0.26851	19	-0.25916	20	-0.12719	23	-0.35091	29
云阳	-1.14312	34	-0.47526	25	0.68176	7	-1.15814	34	-0.5103	38
奉节	-0.21773	23	-1.02265	34	0.40239	13	-1.08646	32	-0.38335	33
巫山	0.48931	10	-1.64477	37	-0.97063	35	0.15082	18	-0.36612	31
巫溪	-1.07581	33	-1.26214	35	2.50712	2	-0.00444	20	-0.38596	34
石柱	-0.09066	19	-0.38768	24	-0.91954	33	1.45168	4	-0.1055	19
秀山	-0.59717	29	-0.90166	30	0.65553	8	0.30457	14	-0.32224	26
酉阳	0.37703	11	-1.48878	36	-1.06456	36	0.36043	12	-0.35364	30
彭水	-0.97143	32	-0.92999	32	1.34028	3	-0.1835	24	-0.41397	36

表4-22　2019年重庆市38区县因子得分及排名

区县（简称）	F1		F2		F3		F4		综合得分	
	得分	排名	得分	排名	得分	排名	得分	排名	得分	排名
万州	0.88285	9	0.74985	8	1.1659	4	-0.66851	29	0.52253	5
黔江	-0.54049	25	1.47575	4	-0.16863	26	-2.09319	38	-0.26072	27
涪陵	0.58539	11	-1.15524	36	-0.40459	28	0.13717	20	0.0324	15
渝中	2.1434	1	2.1739	2	-2.63816	38	2.15206	1	1.08746	1
大渡口	0.42245	14	1.20926	6	0.2677	16	-1.88466	37	0.15897	12
江北	1.54961	4	0.21364	13	-0.75472	32	0.23447	19	0.5799	4
沙坪坝	0.99545	8	0.51079	11	-0.71833	31	-0.68139	30	0.3032	8
九龙坡	1.70893	2	0.52795	10	-0.1605	25	1.81763	2	0.94048	3
南岸	1.33323	6	0.67028	9	0.40147	12	-1.35777	35	0.51845	6
北碚	0.53203	13	-0.18679	20	1.04931	5	-0.62823	28	0.23934	10
渝北	1.68152	3	1.30149	5	0.96765	8	0.85729	6	1.06804	2
巴南	1.45431	5	-0.37897	24	0.54387	11	-1.3472	34	0.43396	7

续表

区县（简称）	F1		F2		F3		F4		综合得分	
	得分	排名	得分	排名	得分	排名	得分	排名	得分	排名
长寿	0.22697	16	-0.9389	33	0.31536	14	0.76823	8	0.08057	13
江津	1.20649	7	-2.02709	38	-0.21134	27	-1.76274	36	-0.03998	19
合川	0.57725	12	-1.06879	35	1.36666	2	0.24748	18	0.26858	9
永川	0.34724	15	-1.26025	37	-0.05448	23	0.34286	15	-0.01123	18
南川	-0.21059	19	0.18195	14	1.00139	7	-0.40792	25	0.0175	16
綦江	-0.42018	21	-0.34524	23	1.01638	6	0.76963	7	-0.00539	17
大足	-0.12907	17	-0.78422	30	0.04001	20	-0.57019	27	-0.22401	25
璧山	0.68727	10	-0.7973	32	-0.02833	21	-0.92486	32	0.0488	14
铜梁	-0.15334	18	-0.96113	34	0.56144	10	0.08341	21	-0.1215	22
潼南	-0.62688	26	-0.78913	31	0.27324	15	0.30143	16	-0.29439	28
荣昌	-0.36769	20	-0.73964	27	0.16451	17	1.5726	3	-0.05297	20
开州	-0.46915	22	-0.75301	28	-1.28893	35	0.28406	17	-0.4178	34
梁平	-0.77452	28	-0.73447	26	-0.14877	24	1.00324	5	-0.31616	30
武隆	-0.53804	24	0.08887	16	0.04716	18	0.0424	22	-0.18981	24
城口	-1.36677	37	0.86239	7	-0.5463	30	-0.96113	33	-0.593	36
丰都	-0.91715	31	0.02638	17	-0.76001	33	-0.34501	24	-0.49081	35
垫江	-0.49638	23	0.11182	15	1.95531	1	1.33306	4	0.20799	11
忠县	-0.62763	27	-0.78367	29	0.0449	19	0.44806	13	-0.30484	29
云阳	-0.82949	29	-0.17739	19	-0.89398	34	0.68857	10	-0.38387	33
奉节	-0.86968	30	-0.03458	18	-0.4609	29	0.57029	11	-0.3403	31
巫山	-1.08285	34	0.43671	12	0.9654	9	0.53126	12	-0.18876	23
巫溪	-1.11036	35	-0.21455	21	-2.63159	37	-0.88873	31	-0.89048	38
石柱	-1.33222	36	1.9061	3	0.38831	13	-0.27513	23	-0.23794	26
秀山	-0.97294	32	-0.51676	25	-0.04918	22	0.74902	9	-0.38035	32
酉阳	-1.49666	38	2.42993	1	1.23114	3	0.34646	14	-0.05491	21
彭水	-1.00232	33	-0.22992	22	-1.84836	36	-0.484	26	-0.70898	37

表 4 - 23 2020 年重庆市 38 区县因子得分及排名

区县（简称）	F1		F2		F3		F4		综合得分	
	得分	排名	得分	排名	得分	排名	得分	排名	得分	排名
万州	1.48512	5	0.46144	9	-1.86249	37	1.08268	8	0.36138	7
黔江	-1.00911	33	0.3079	10	-0.18081	22	1.57627	3	-0.06494	20
涪陵	-0.07954	20	0.12638	15	0.65105	10	-0.98215	31	0.00648	15
渝中	-0.96473	32	4.29622	1	1.81395	2	-1.56016	36	0.93547	1
大渡口	0.19314	16	0.57069	7	-0.5712	27	1.62027	2	0.27163	9
江北	0.95736	7	1.63386	2	-0.08157	21	1.21222	5	0.77194	3
沙坪坝	0.70146	10	0.55318	8	-0.96175	32	-2.09653	38	-0.00005	16
九龙坡	1.58678	3	1.50217	3	0.42832	13	-0.40302	24	0.82189	2
南岸	1.07197	6	1.02326	4	-0.63984	29	0.61456	11	0.51562	6
北碚	0.26915	14	0.20627	12	0.25006	16	-0.39941	23	0.11984	11
渝北	2.32983	1	0.82989	6	-0.30699	24	-0.47519	28	0.74169	4
巴南	1.67356	2	0.01518	16	0.3806	14	1.90684	1	0.67707	5
长寿	0.54475	12	-0.5414	27	1.47843	3	0.87671	10	0.28776	8
江津	1.49094	4	-1.30933	38	-0.35815	25	-1.05822	33	-0.08625	21
合川	0.87088	8	-0.29134	21	-0.59045	28	-0.46751	27	0.03292	13
永川	0.1938	15	-0.15452	18	-0.22219	23	-1.20078	34	-0.13075	24
南川	-0.27501	22	-0.27373	20	0.95574	7	1.14634	7	0.09392	12
綦江	0.7342	9	-1.10642	36	0.19599	18	0.51215	13	-0.01275	17
大足	-0.10338	21	-0.80693	34	0.71511	9	-0.29058	22	-0.16371	25
璧山	0.65029	11	-0.61162	28	1.38234	4	0.43816	14	0.24369	10
铜梁	0.03705	19	-1.12471	37	1.37703	5	-0.22485	21	-0.11213	23
潼南	-0.39726	23	-0.90483	35	0.30569	15	-0.47785	29	-0.33908	28
荣昌	-0.84927	31	-0.23654	19	1.93148	1	-0.40593	26	-0.06305	19
开州	0.3528	13	-0.67786	30	-1.74357	36	-1.43346	35	-0.44848	35
梁平	-0.53697	26	-0.66983	29	0.14609	19	-0.89255	30	-0.3767	32
武隆	0.05506	18	-0.7223	31	0.47844	12	0.58746	12	-0.04962	18
城口	-1.93975	38	0.88408	5	-1.40428	35	1.2181	4	-0.36293	31

续表

区县（简称）	F1		F2		F3		F4		综合得分	
	得分	排名	得分	排名	得分	排名	得分	排名	得分	排名
丰都	-0.81601	30	-0.35776	23	-0.56783	26	-0.15664	19	-0.3981	33
垫江	0.13022	17	-0.73341	32	1.22	6	0.09496	17	0.02099	14
忠县	-0.54505	27	-0.75864	33	0.728	8	-0.40577	25	-0.27738	27
云阳	-0.4599	24	-0.41571	24	-1.22777	33	-1.56199	37	-0.53947	38
奉节	-0.52858	25	-0.46287	26	-0.64993	30	-0.17038	20	-0.36113	30
巫山	-0.64006	28	-0.44953	25	0.64072	11	1.17528	6	-0.08709	22
巫溪	-1.44709	36	0.16715	13	-1.30746	34	0.42269	15	-0.47667	36
石柱	-1.28114	35	0.30321	11	-0.65839	31	1.00479	9	-0.25609	26
秀山	-1.15499	34	-0.33917	22	-0.04935	20	-1.0355	32	-0.49584	37
酉阳	-0.69972	29	-0.07365	17	-1.9199	38	0.23933	16	-0.43985	34
彭水	-1.60081	37	0.14122	14	0.22488	17	-0.03037	18	-0.36024	29

（三）区域竞争力实证结果分析

1. 2019 年区域竞争力得分分析

（1）公共因子得分分析

新冠疫情从 2020 年开始暴发，持续至 2022 年，本研究选择常规状态下的 2019 年进行区域竞争力得分的案例分析。之所以选择 2019 年作为案例分析是为了规避新冠疫情原因所带来的对体育产业区域竞争力分析不客观因素。根据 2019 年重庆市 38 区县因子得分及排名表可看出各个区县因子得分、综合得分及排名情况。根据数据对公共因子对体育产业区域竞争力的影响进行分析。

①体育产业发展方面

通过分析表 4－21，可以看出 2019 年公共因子 F1（体育产业发展因子）对各个区县的影响。各区县中体育产业发展因子得分较高的有渝中区、九龙坡区、渝北区、江北区、巴南区、南岸区、江津区等；得分大于 1，说明这几个区县体育产业发展因子远在平均水平之上。其中彭水苗族土家族自治县、巫山县、巫溪县、石柱土家族自治县、城口县、酉阳土家族苗族自治县体育产业发展因子得分较低;得分都小于 -1,说明这几个区县体育产业发展因子远在平均水平之下。从区域位置角度来看,我们不难发现体育产业发展因子中得分较高的几个地区大多位于主城区,而得分较低的几个区县大多位于远离主城区的三峡库区生态经济区。因而,彭水苗族土家族自治县、巫山县、巫溪县、石柱土家族自治县、城口县、酉阳土家族苗族自治县等体育产业发展因子得分较低或处于平均水平之下的区县,要想增强体育产业区域竞争力,就必须在体育产业发展因子的这些指标上取得进步。

②消费动力方面

根据表 4 -21 可以看出 2019 年公共因子 F2(消费动力因子)对各个区县的影响。其中酉阳土家族苗族自治县、渝中区、石柱土家族自治县、黔江区、渝北区、大渡口区消费动力因子得分较高,都大于 1,说明这几个区县的消费动力因子远在平均水平之上,其消费动力充足,食品支出占总支出比例相对其他区县小,人民生活水平相对较高,有充足的可支配收入用于体育消费,体育健身休闲活动市场主体数量多。合川区、涪陵区、永川区、江津区的消费动力因子得分均小于 -1,说明合川区、涪陵区、永川区、江津区的消费动力因子远在平均水平之下。因而,要想提升合川区、涪陵区、永川区、江津区等消费动力因子得分在平均水平之下区县的体育产业竞争力,就要增加体育健身休闲活动市场主体,扩大地方财政收入占 GDP 的比重,降低恩格尔系数,从而有效提升本地区的消费动力。

③现代经济发展方面

根据表 4 -21 可看出垫江县、合川区、酉阳土家族苗族自治县、万州区、北碚区、綦江区(不含万盛)、南川区得分较高,远高于平均水平。由于现代经济发展因子是由人均 GDP 增长率和第三产业占重庆市 GDP 比重组成,说明这几个区县在经济发展速度或第三产业占重庆市 GDP 比重方面处于全市前列水平。其中开州区、彭水苗族土家族自治县、巫溪县、渝中区得分较低,处于远低于平均水平之下,说明这几个区县的经济发展速度或第三产业占重庆市 GDP 比重方面还有待提升。其中渝中区作为主城区,其经济发展因子得分低主要原因不是第三产业占 GDP 比重低而是人均 GDP 增长率相对较低；一方面经济增长速度慢可能是因为经济增长驱动力不足，另一方面可能是经济发展处于较高水平导致经济增长空间较小、增长速度变缓慢。总的来说，提升体育产业区域竞争力，经济发展是不可或缺的因素。

④政府支持方面

根据表 4 – 21 可以看出 2019 年公共因子 F4（政府支持因子）对各个区县的影响，其中渝中区、九龙坡区、荣昌区、垫江县、梁平区得分较高，说明这五个地区政府对体育产业的支持力度较大，重视体育产业的发展。巴南区、南岸区、江津区、大渡口区、黔江区的公共因子 F4（政府支持因子）得分低于 – 1，说明这五个区县政府支持因子远低于平均水平。政府财政支出中文体事业费用支出占比较小，因而政府重视力度和支持力度有待加强。要想提升巴南区、南岸区、江津区、大渡口区、黔江区等区县的体育产业竞争力，政府要制定相关的政策，加大体育产业投入，积极扶持体育产业的发展。

（2）综合得分分析

表 4 – 21 中综合得分前 10 的区县是渝中区、渝北区、九龙坡区、江北区、万州区、南岸区、巴南区、沙坪坝区、合川区、北碚区，说明这些区县体育产业区域竞争力较强。综合得分后 10 名的是忠县、梁平区、奉节县、秀山土家族苗族自治县、云阳县、开州区、丰都县、城口县、彭水苗族土家族自治县、巫溪县，说明这些地区的体育产业区域竞争力相对较弱。要想提升此类地区的体育产业区域竞争力，就要从体育产业发展因子、消费动力因子、现代经济发展因子、政府支持因子这四个方面去解决问题，补足短板，发挥优势特色，增强体育产业竞争力。

2. 2018—2020 年综合得分比较分析

通过对表 4 – 24 中 2018—2020 年重庆市各个区县得分及排名分析比较，可以看出 2018—2020 年重庆市各区县体育产业竞争力的整体情况及变化趋势。

表 4-24　2018—2020 年重庆市各区县体育产业竞争力综合得分排名

区县（简称）	2018 年		2019 年		2020 年		平均得分	排名
	得分	排名	得分	排名	得分	排名		
万州	0.37978	9	0.52253	5	0.36138	7	0.42123	7
黔江	0.01146	14	-0.26072	27	-0.06494	20	-0.10473	19
涪陵	0.06678	13	0.0324	15	0.00648	15	0.03522	14
渝中	1.3177	1	1.08746	1	0.93547	1	1.11354	1
大渡口	0.52759	7	0.15897	12	0.27163	9	0.31940	8
江北	0.69379	2	0.5799	4	0.77194	3	0.68188	4
沙坪坝	0.59282	5	0.3032	8	-0.00005	16	0.29866	9
九龙坡	0.59186	6	0.94048	3	0.82189	2	0.78474	3
南岸	0.68754	3	0.51845	6	0.51562	6	0.57387	5
北碚	0.18437	12	0.23934	10	0.11984	11	0.18118	11
渝北	0.64105	4	1.06804	2	0.74169	4	0.81693	2
巴南	0.4757	8	0.43396	7	0.67707	5	0.52891	6
长寿	-0.03047	16	0.08057	13	0.28776	8	0.11262	12
江津	0.20735	11	-0.03998	19	-0.08625	21	0.02704	15
合川	-0.02237	15	0.26858	9	0.03292	13	0.09304	13
永川	-0.03628	17	-0.01123	18	-0.13075	24	-0.05942	18
南川	-0.08052	18	0.0175	16	0.09392	12	0.01030	16
綦江	-0.3283	27	-0.00539	17	-0.01275	17	-0.11548	20
大足	-0.18235	21	-0.22401	25	-0.16371	25	-0.19002	24
璧山	0.30221	10	0.0488	14	0.24369	10	0.19823	10
铜梁	-0.20454	22	-0.1215	22	-0.11213	23	-0.14606	23
潼南	-0.31835	25	-0.29439	28	-0.33908	28	-0.31727	29
荣昌	-0.30771	24	-0.05297	20	-0.06305	19	-0.14124	22
开州	-0.3744	32	-0.4178	34	-0.44848	35	-0.41356	33
梁平	-0.33139	28	-0.31616	30	-0.3767	32	-0.34142	30

续表

区县（简称）	2018 年		2019 年		2020 年		平均得分	排名
	得分	排名	得分	排名	得分	排名		
武隆	-0.13391	20	-0.18981	24	-0.04962	18	-0.12445	21
城口	-0.45238	37	-0.593	36	-0.36293	31	-0.46944	35
丰都	-0.40719	35	-0.49081	35	-0.3981	33	-0.43203	34
垫江	-0.27787	23	0.20799	11	0.02099	14	-0.01630	17
忠县	-0.35091	29	-0.30484	29	-0.27738	27	-0.31104	28
云阳	-0.5103	38	-0.38387	33	-0.53947	38	-0.47788	36
奉节	-0.38335	33	-0.3403	31	-0.36113	30	-0.36159	31
巫山	-0.36612	31	-0.18876	23	-0.08709	22	-0.21399	26
巫溪	-0.38596	34	-0.89048	38	-0.47667	36	-0.58437	38
石柱	-0.1055	19	-0.23794	26	-0.25609	26	-0.19984	25
秀山	-0.32224	26	-0.38035	32	-0.49584	37	-0.39948	32
酉阳	-0.35364	30	-0.05491	21	-0.43985	34	-0.28280	27
彭水	-0.41397	36	-0.70898	37	-0.36024	29	-0.49440	37

由表4-24及图4-4我们发现渝中区、渝北区、九龙坡区、江北区、万州区、南岸区、巴南区、北碚区、大渡口区、璧山区、涪陵区，无论是在疫情前的2018年、2019年，还是在疫情暴发的2020年，其体育产业区域竞争力水平都处于平均水平之上；綦江区（不含万盛）、永川区、荣昌区、酉阳土家族苗族自治县、铜梁区、巫山县、武隆区、大足区、石柱土家族自治县、潼南区、忠县、梁平区、奉节县、秀山土家族苗族自治县、云阳县、开州区、丰都县、城口县、彭水苗族土家族自治县、巫溪县2018—2020年体育产业区域竞争力水平，都处于平均水平之下。体育产业区域竞争力较强的区县大部分位于经济发达的主城区，体育产业区域竞争力较弱的区县大部分是经济相对较弱、离主城区较远的地区。由此可见，区域位置及经济发达程度对体育产业区域竞争力的影响是不容忽视的。

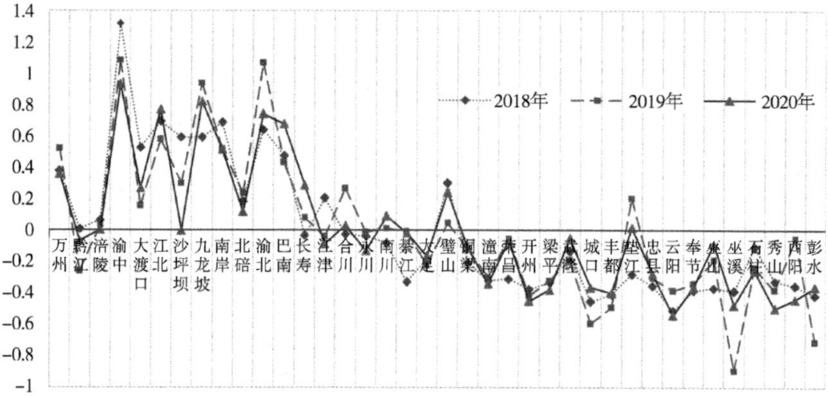

图 4-4　重庆市各区县 2018—2020 年综合得分折线统计

通过表 4-24 可知，渝中区、渝北区、九龙坡区、江北区、南岸区、巴南区、万州区、大渡口区、沙坪坝区、璧山区、北碚区、长寿区、合川区、涪陵区、江津区、南川区 2018—2020 年三年体育产业区域竞争力水平都位于平均水平之上，垫江县、永川区、黔江区、綦江区（不含万盛）、武隆区、荣昌区、铜梁区、大足区、石柱土家族自治县、巫山县、酉阳土家族苗族自治县、忠县、潼南区、梁平区、奉节县、秀山土家族苗族自治县、开州区、丰都县、城口县、云阳县、彭水苗族土家族自治县、巫溪县 2018—2020 年三年体育产业区域竞争力水平均位于平均水平之下。

通过数据对比，不难发现 2018—2020 年三年综合得分排名靠前的区县大多每年的体育产业区域竞争力综合得分都在平均水平之上，而每年综合得分较高是因为各个因子的得分较为均衡且为正数或者某项因子得分很高。例如，渝中区三年体育产业区域竞争力水平位列第一，其在 2018—2020 年体育产业区域竞争力综合得分均为第一名，2019 年中其体育产业发展因子、消费动力因子、政府支持因子得分均处于全市前列，只有现代经济发展因子得分相对较低，由于体育产业发展因子、消费动力因子、政府支持因子得分高，所以最后综合得分依旧为重庆市第一名。

从 2018 年、2019 年的数据，我们发现特别是离主城较远的一些区县体育产业区域竞争力水平在提升，而到 2020 年远离主城区的区县体育产业区域竞争力水平又有所下降，其主要原因是疫情对体育产业的影响导致其在2020年排名下降。疫情的冲击使许多产业和公司遭受巨大损失，直接影响居民收入，收入减少或失业使人们的消费心理发生变化。特别是经济相对不太发达的远离主城区的区县，受疫情冲击更大。疫情期间人民消费模式发生变化，政府财政收入相对减少，财政支出中防疫支出比例加大，所以体育消费市场萎缩，体育产业投入减少。

三、本章小结

笔者通过查阅大量相关文献和参考相关学者的体育产业区域竞争力体系，结合实际情况初步筛选16个指标作为研究新时代重庆市体育产业区域竞争力的指标。为了验证指标选取的合理性，笔者通过专家调查法采取李克特5级量表对选取指标进行筛选。通过对专家筛选后的16个指标进行因子分析，发现各变量之间存在较强的相关性，故本研究所采取的指标是合理有效的。

关于区域对体育产业竞争力的影响，综合前面分析所得，主城区所在区县体育产业区域竞争力大多强于离主城较远的区县。原因可能是主城区无论是消费力、体育产业市场、政策支持力度或者地域联系密切程度等，都优于远离主城区的区县。因而，新时代重庆市体育产业区域竞争力呈现出由主城区向四周从强到弱的变化趋势。

关于经济对体育产业竞争力的影响，可以看出体育产业竞争力综合得分较高的区县大多位于经济发达的主城区，即使这些区县某项因子得分低于平均水平，但最后综合得分还是相对较高。这是由于主城区的经济发达，各项指标指数都远高于经济相对落后的区县，即使某项因子得分较低，其整体水平也高于经济相对落后的区县。

影响新时代重庆市体育产业区域竞争力四大因子是体育产业发展因子、现代经济发展因子、消费动力因子、政府支持因子，要提升重庆市各区县体育产业竞争力，就需从这几大方面着手。从前面分析可得，综合得分排名靠前的几个区县大多是四项因子均衡发展，得分均在平均水平之上。因而，重庆市下属区县提升体育产业竞争力首先要均衡发展,保证体育产业发展因子、现代经济发展因子、消费动力因子、政府支持因子得分要高于平均水平;其次在均衡发展的同时,可以根据地方实际情况提升某项因子得分,打造地方特色。

第五章　新时代重庆市体育产业高质量发展影响因素及其实证分析

一、体育产业高质量发展影响因素指标分析

（一）影响因素指标的构建原则

构建影响因素指标体系对本研究具有十分重大的意义，影响因素指标体系的建立将直接影响本研究的研究结果。因此，为保证建构的影响因素指标体系全面有效，本研究应该严格遵循以下三个基本原则：

第一，系统性与独立性原则。重庆市体育产业高质量发展是许多因素共同影响的结果，并不是单一的区县或者各个部分可以决定的。因此，构建重庆市体育产业高质量发展影响因素指标时，应将重庆市体育产业高质量发展作为一个完整的体系进行研究。应从不同角度反映影响重庆市体育产业高质量发展的各个因素，并将这些因素组成一个较为合理的、严谨的、逻辑层次分明的综合指标体系；既要包括指标的完整性，又要尽可能从各个方面和各个环节全面反映重庆市体育产业高质量发展的全过程。从另一个角度来看，重庆市体育产业高质量发展的各个影响因素指标具有相对独立性，即各影响因素指标有自己的特殊内容属性而单独存在，在同一层次影响因素体系中不存在重复

的指标项,各指标之间不存在因果关系且不能相互取代。此外,重庆市体育产业高质量发展影响因素指标和指标体系应具备较高的总结归纳性,各指标间应具备较合理的逻辑关系,能够准确全面地描述重庆市体育产业高质量发展的影响因素。

第二,可获取性与真实性相结合原则。筛选指标数据时,应首要考虑数据可获取性与真实性。数据选取来源应尽可能是国家或者各个区域公布的官方数据,这是保障数据真实可靠的关键点所在。在考虑数据可获取性的同时,要对所获取的数据进行筛选,对一些无法确定、无法量化的数据要进行合理的取舍,保证选取的影响因素指标合理且真实可靠。

第三,动态性与区域性相结合原则。重庆市体育产业高质量发展是动态变化的,筛选指标时,应充分考虑重庆市体育产业高质量发展的现实困境和发展现状,牢牢把握发展动态。不同地区影响因素指标大体是一致的,构建的指标体系在不同的区域间具有相同的结构,但各个地区的地理位置与发展水平存在显著差异,各地区影响因素指标侧重点也表现出较大的差异。本研究所选取指标应能有效反映当前重庆市体育产业高质量发展实际情况。

(二)影响因素指标的初步筛选

为进一步探究不同影响因素对重庆市体育产业高质量发展的影响程度,本研究梳理大量相关文献并结合重庆市体育产业高质量发展的实际情况,初步考虑从经济发展、社会环境、体育基础资源和政府支持这四个方面来构建影响因素指标体系。

1. 经济发展方面指标选取

调查发现,目前已有刘晨月[1]、王飞[2]等学者将经济列为产业高质量发展的重要影响因素,选取的经济方面指标已高达 35 个,其中重复使用的

---

〔1〕 参见刘晨月:《中国冰雪运动企业空间格局演化特征及影响因素研究》,载《武汉体育学院学报》2022 年第 2 期。

〔2〕 参见王飞:《标志性体育赛事多元互动高质量发展的质性研究》,载《沈阳体育学院学报》2022 年第 2 期。

指标有:重庆市 GDP、居民平均消费水平、第三产业占 GDP 比重、体育产业占 GDP 比重等 14 个指标(见表 5－1)。

表 5－1　经济因素指标的整理

指　　标	重复次数	选取可获得数据
重庆市 GDP	12	√
人均可支配收入	6	√
恩格尔系数	4	
居民平均消费水平	3	√
体育产业占 GDP 比重	3	√
地方财政收入占 GDP 比重	2	
固定资产投资较上年增长	2	√
政府财政收入	1	
第三产业占 GDP 比重	1	√
第三产业总额	1	
社会消费品支出总额	1	
人均体育消费额	1	
体育产业总产值	1	√
人均教育经费	1	

本研究选取重庆市 GDP、居民平均消费水平和人均可支配收入等重要指标来反映重庆市发展体育产业的综合经济实力。体育产业总产值能够体现产业结构的发展状况,固定资产投资较上年增长能够表现产业发展水平。体育市场消费水平受到地区经济发展水平高低的影响,与居民参加体育运动的动机和参与程度密切相关。居民参加体育运动的动机和参与程度理应成为本研究的重要指标,但由于两者均属于较为主观的范畴,且体育运动参与程度的评判数据难以获取,故本研究选取较为完整的体育产业占 GDP 比重等指标来反映重庆市居民的体育运动参与程度。

2. 社会环境方面指标选取

营造良好的社会环境是促进体育产业高质量发展的重要内容,在众多影响体育产业高质量发展的因素当中,社会环境的地位不容置疑。衡量城市化水平的两个重要标准是经济变动指标和社会变动指标。我国作为一个人口大国,重庆市作为新兴的一线城市,城镇化率逐渐提升,人口质量得到进一步提高。重庆市人民生活水平显著提升,人们的消费观念得到极大的改善,人们越来越注重体育和自身身体健康,这极大程度上促进了体育产业高质量发展。体育产业高质量发展与人口质量、人口数量呈正相关,因此本研究主要采用人口城镇化率、年末常住人口数量和普通高等学校在校学生数量三个指标来反映重庆市体育产业的高质量发展。人口城镇化率是衡量城市经济发展的重要指标之一,年末常住人口数量能说明城市人口数量,普通高等在校学生数量能从侧面反映出城市人口质量(见表5-2)。

表5-2　社会环境指标的整理

指　　标	重复次数	选取可获得数据
人口城镇化率	12	√
年末常住人口数量	6	√
金融机构年末存贷款余额占GDP比重	4	
经常参加体育锻炼的人口比例	3	
普通高等学校在校学生数量	3	√
6岁以上人口中大专以上学历人口	2	

3. 体育基础资源方面指标选取

体育场馆设施是全民健身的基础,重庆市体育局将进一步扩大体育场地设施建设,更好地贯彻执行《重庆市全民健身实施计划(2021—2025年)》。重庆市政府加大体育基础场馆建设为重庆市体育产业高质量发展提供保障,体育基础资源条件越发成为影响体育产业高质量发展的关键因素。体育基础资源,主要指从事体育活动中所需的物质资源、人力资源、体育行业社会团体等。它包含的内容十分广泛,最主要的因素是体育产业人力资源,因此本研究选取重庆市体育产业从业人数作为衡量重庆市体育产业基础资源的重要指标之一。在体育基础设施方面,由于重庆市统计局以及官网信息尚未公布准确的初、中、高等教育体育场馆建筑面积数据,考虑到数据的可获取性以及准确性，本研究选取了《重庆市体育产业专项调查报告》中的体育教育与培训、体育场馆数量和人均体育场地面积和体育产业从业人员来反映重庆市体育基础设施供给情况（见表5－3）。

表5－3　体育基础资源的整理

指　　标	重复次数	选取可获得数据
体育产业从业人数	12	√
体育教育与培训	6	√
等级运动员	4	
体育场馆数量	3	√
人均体育场地面积	3	√
主营体育企业营业收入	2	
体育高等院校数量	2	

4.政府支持方面指标选取

梳理相关文献发现，涉及政府支持的指标近20个，其中重复较多的指标是科学技术支出、文化旅游体育与产业支出、体育彩票销售额、体育彩票收入等。重庆市体育产业是国民经济重要组成部分，体育产业和一些关联产业都经由政府主导，政府调控有助于重庆市体育产业实现更好、更快、更协调的发展。政府支持已成为重庆市体育产业健康可持续高质量发展的重要驱动因素。重庆市将继续贯彻执行《重庆市体育发展“十四五规划”》，为重庆市体育产业高质量发展赋能。本研究结合重庆市体育产业发展的实际情况以及数据可获取性发现，仅依靠重庆市目前颁布的相关政策文件并不能直观反映重庆市体育产业高质量发展程度，故在政府支持方面指标主要选取科学技术支出、文化旅游体育与产业支出和体育彩票收入来反映重庆市政府对体育产业的扶持力度（见表5－4）。

表 5-4　政府支持指标整理

指　　标	重复次数	选取可获得数据
科学技术支出	8	√
文化旅游体育与产业支出	4	√
体育彩票销售额	4	
体育彩票收入	4	√
教育支出占财政支出比重	2	
居民人均公园绿地面积	2	
体育产业财政拨款	1	

因此,本研究初步从经济发展、社会环境、体育基础资源和政府支持四个方面筛选出来 17 个影响因素指标(见表 5-5)。

表 5-5　新时代重庆市体育产业高质量发展影响因素综合指标构建

类别	指　　标	量纲	指标表示
经济发展	重庆市 GDP	亿元	X1
	居民平均消费水平	元	X2
	人均可支配收入	元	X3
	固定资产投资较上年增长	百分比	X4
	体育产业占 GDP 比重	百分比	X5
	第三产业占 GDP 比重	百分比	X6
	体育产业总产值	亿元	X7
社会环境	人口城镇化率	百分比	X8
	年末常住人口数量	万人	X9
	普通高等学校在校学生数量	万人	X10
体育基础资源	体育产业从业人数	个	X11
	体育教育与培训	个	X12
	体育场馆数量	家	X13
	人均体育场地面积	平方米	X14

续表

类别	指　　标	量纲	指标表示
政府支持	科学技术支出	万元	X15
	文化旅游体育与产业支出	万元	X16
	体育彩票收入	万元	X17

(三)影响因素指标的构建与因子分析

1. 调查数据的描述性统计分析

笔者通过设计李克特的五级量表方法,围绕重庆市体育产业高质量发展影响因素这一主题征询专家的看法,对重庆市体育产业高质量发展的影响因素进行综合分析。本问卷将答案选项设计为"1""2""3""4""5","1"代表"非常不合理","2"代表"不合理","3"代表"比较合理","4"代表"合理","5"代表"非常合理",进而编制成《重庆市体育产业高质量发展影响因素指标选取专家调查表》,采取网络发放问卷形式。通过三轮发放与回收,形成最后的重庆市体育产业高质量发展影响因素指标。最后一轮共发放22份问卷,回收22份问卷,回收率为100%,有效问卷为100%。本问卷所统计的数据用于本研究的因子分析中。

本研究采用SPSS26.0统计软件对初步筛选出的17个指标进行描述统计,发现人均体育场地面积(X14)和体育彩票收入(X17)的平均值低于3.0,不适合进行描述统计,因此本研究将这两个指标剔除,对筛选后的15个合理可测量的指标进行描述统计。从表5-6可以看出,平均值(MEAN)的最高值是4.32,最低值为3.73。从偏度(Skew)和峰值(Kurt)的角度看,各影响因素呈正态分布。

表 5-6　各个影响因素平均值

因　素	N	MIN	MAX	MEAN	S. D.	Skew		Kurt	
						Stats	S. E	Stats	S. E
A1. 重庆市 GDP	22	3	5	3.95	.844	.091	.491	-1.606	.953
A2. 居民平均消费水平	22	3	5	3.73	.767	.529	.491	-1.042	.953
A3. 人均可支配收入	22	3	5	3.91	.750	.154	.491	-1.106	.953
A4. 固定资产投资较上年增长	22	3	5	3.86	.834	.274	.491	-1.509	.953
A5. 体育产业占 GDP 比重	22	3	5	3.82	.795	.352	.491	-1.292	.953
A6. 第三产业占 GDP 比重	22	3	5	4.05	.722	-.069	.491	-.929	.953
A7. 体育产业总产值	22	3	5	4.00	.873	.000	.491	-1.734	.953
A8. 人口城镇化率	22	3	5	3.86	.834	.274	.491	-1.509	.953
A9. 年末常住人口数量	22	3	5	4.23	.869	-.485	.491	-1.532	.953
A10. 普通高等学校在校学生数量	22	3	5	4.09	.921	-.193	.491	-1.882	.953
A11. 体育产业从业人数	22	3	5	4.05	.899	-.095	.491	-1.825	.953
A12. 体育教育与培训	22	3	5	3.95	.844	.091	.491	-1.606	.953
A13. 体育场馆数量	22	3	4	4.05	.844	-.091	.491	-1.606	.953
A15. 科学技术支出	22	3	5	3.95	.844	.091	.491	-1.606	.953
A16. 文化旅游体育与产业支出	22	3	5	4.32	.780	-652	.491	-.992	.953

2. 影响因素指标的因子分析

(1)KMO 和巴特利特检验表

通过 KMO 和巴特利特检验来验证该数据作因子分析的合理性。KMO 值大于 0.5,即说明变量之间存在相关性,因子分析合理;KMO 值小于 0.5,则说明不适合作因子分析。

从表 5-7 中可以看出,重庆市体育产业高质量发展影响因素量表的 KMO 值为 0.770(>0.5),近似卡方为 452.162,自由度为 91,具有显著性,因而本研究数据适合作因子分析。

表 5-7　KMO 和巴特利特检验

KMO 取样适切性量数	巴特利特球形度检验		
	近似卡方	自由度	显著性
0.770	452.162	91	0.000

(2)公因子方差表

采用公因子方差最大旋转法,对本研究的影响因素进行因子提取,如表 5-8 所示。

表 5-8　公因子方差

因　子	初始	提取
A1. 重庆市 GDP	1.000	.488
A2. 居民平均消费水平	1.000	.613
A3. 人均可支配收入	1.000	.764
A4. 固定资产投资较上年增长	1.000	.747
A5. 体育产业占 GDP 比重	1.000	.573
A6. 第三产业占 GDP 比重	1.000	.851
A7. 体育产业总产值	1.000	.718
A8. 人口城镇化率	1.000	.561
A9. 年末常住人口数量	1.000	.861
A10. 普通高等学校在校学生数量	1.000	.802

续表

因　　子	初始	提取
A11. 体育产业从业人数	1.000	.856
A12. 体育教育与培训	1.000	.900
A13. 体育场馆数量	1.000	.710
A15. 科学技术支出	1.000	.900
A16. 文化旅游体育与产业支出	1.000	.832

提取方法：主成分分析法。

(3) 总方差解释表

从影响重庆市体育产业高质量发展的因素中提取累计特征值大于 1 的 4 个公因子，根据表 5－9 可以看出，公因子 1 至公因子 4 的贡献率分别是 36.694%、52.448%、65.294%、74.498%；旋转后，分别是 28.027%、44.425%、59.653%、74.498%，其累计方差贡献率为 74.498%。

表 5－9　总方差解释

成分	初始特征值			提取载荷平方和			旋转载荷平方和		
	总计	方差百分比	累计(%)	总计	方差百分比	累计(%)	总计	方差百分比	累计(%)
1	5.504	36.694	36.694	5.504	36.694	36.694	4.204	28.027	28.027
2	2.363	15.754	52.448	2.363	15.754	52.448	2.460	16.399	44.425
3	1.927	12.846	65.294	1.927	12.846	65.294	2.284	15.227	59.653
4	1.381	9.204	74.498	1.381	9.204	74.498	2.227	14.845	74.498
5	1.000	6.665	81.163						
6	.712	4.744	85.907						
7	.643	4.285	90.192						
8	.477	3.178	93.370						
9	.319	2.126	95.496						
10	.255	1.703	97.199						
11	.175	1.164	98.364						

续表

成分	初始特征值			提取载荷平方和			旋转载荷平方和		
	总计	方差百分比	累计（%）	总计	方差百分比	累计（%）	总计	方差百分比	累计（%）
12	.141	.943	99.307						
13	.073	.485	99.791						
14	.031	.209	100.000						
15	-1.735E-16	-1.156E-15	100.000						

提取方法：主成分分析法。

（4）公共因子碎石图

如图5-1重庆市体育产业高质量发展影响因素公共因子的碎石图所示：前4个公因子的坡度大，特征值都大于1，且存在明显的弯折点；越靠后的因子曲线越趋于平稳，并没有出现明显的拐点，坡度小。

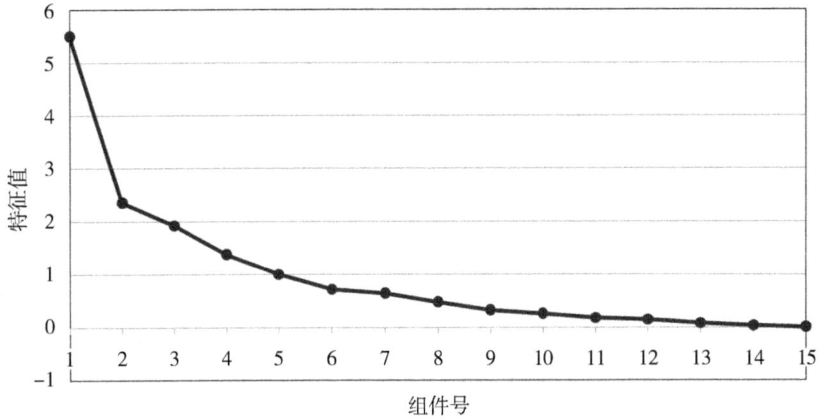

图5-1　公共因子碎石图

（5）旋转后的成分矩阵表

表5-10为旋转后的成分矩阵；旋转后共提取出4个公共因子。

表 5-10　旋转后的成分矩阵表

因　子	成　分			
	1	2	3	4
A1. 重庆市 GDP	.939	.030	.114	.057
A5. 体育产业占 GDP 比重	.939	.030	.114	.057
A3. 人均可支配收入	.816	.188	-.080	.238
A7. 体育产业总产值	.757	.396	-.169	.210
A2. 居民平均消费水平	.606	.174	.552	.087
A6. 第三产业占 GDP 比重	.589	.391	.580	-.146
A4. 固定资产投资较上年增长	.508	-.391	.386	-.027
A9. 年末常住人口数量	.067	.826	.142	.197
A8. 人口城镇化率	.060	.725	-.063	.199
A10. 普通高等学校在校学生数量	.243	.724	.172	.004
A11. 体育产业从业人数	.155	-.113	.812	.393
A13. 体育场馆数量	-.158	.185	.800	.139
A12. 体育教育与培训	-.053	.170	.045	.894
A15. 科学技术支出	.293	.349	.105	.801
A16. 文化旅游体育与产业支出	.154	.010	.259	.630

提取方法：主成分分析法。
旋转方法：凯撒正态化最大方差法；旋转在 7 次迭代后已收敛。

表 5-10 是 15 个指标在 4 个公共因子上的载荷情况。可以看出，15 个指标在 4 个公共因子上的载荷数较高。4 个公共因子分别反映影响重庆市体育产业高质量发展的不同方面，因此本研究将该 4 个公共因子分别命名为：经济发展、社会环境、体育基础资源和政府支持。接下来将根据表 5-10 中所构建的因子（影响因素指标）进行实证分析，通过实证分析评估各影响因素对重庆市体育产业高质量发展的影响程度。

二、新时代重庆市体育产业高质量发展影响因素灰色关联实证分析

（一）实证分析的方法选取

梳理相关文献发现，目前学者大多采用主成分分析和因子分析方法对产业发展的影响因素进行研究。主成分分析方法旨在将多个原始变量指标转换为几个具有高度概括性的综合指标，在数据缺失较少的情况下利用降维的方法将多个指标转化为少数综合指标。[1] 主成分分析和因子分析均采用降维的方法将不同影响因素重新组合，从而降低分析难度。主成分分析方法主要是通过解释各原始变量反映主成分贡献的大小，因子分析法主要是通过分析来说明体育产业高质量发展的影响程度，但两者均不能说明各因素关联性的强弱。因此，本研究采用灰色关联分析方法对重庆市体育产业高质量发展影响因素进行研究。

邓聚龙教授提出并发展的灰色系统理论、方法，是一种描述和处理各类不确定性信息的理论和方法，可以弥补采用数理统计方法对无明显规律的样本进行统计分析，主要用来分析和确定系统中母因素与子因素之间影响程度的强弱。[2] 灰色关联分析方法能够在数据不完全和数据量较少的情况下准确描述变量间的关联度，能有效弥补因子分析和主成分分析法的不足。由于重庆市体育产业统计数据不完全、各个相关指标数据有限、且变化规律不明显、具有显著灰色信息系统特征，本研究选用灰色关联分析方法对重庆市体育产业高质量发展的各个影响因素指标进行分析，探索不同影响因素指标与重庆市体育产业增加值的关联度，正确描述得出的数据结果并提出合理有效的建议。

灰色关联分析方法的五个具体操作步骤如下：

---

〔1〕 参见陈雯雯：《基于灰色关联分析的上海市体育产业发展影响因素研究》，上海体育学院2020年硕士学位论文。

〔2〕 孟宇：《灰色关联分析与多元线性回归实时洪水预测模型——以辽河绕阳河流域东白城子站为例》，载《中国防汛抗旱》2021年第10期。

(1)确定原始分析序列

设因变量为 X_0 作为参考序列，$X_0 = X_0(1), X_0(2), ... X_O(N)$；比较序列 $X_i = X_i(1), X_i(2), X_i(3), ... X_i(k), ... X_i(n)$；其中 $i = 1, 2, ... m$；$k = 1, 2, ... n$。

(2)原始数据的无量纲化处理

采用初值化对序列进行无量纲化处理，具体公式如下：

$$X'_i = \frac{Xi}{Xi(1)}\text{；其中 } i = 0, 1, 2, ... m \qquad \text{（公式 1）}$$

(3)计算量纲化的比较数列和参考数列的绝对差值，并得到最大绝对值差 Max 和最小绝对值差 Min。

具体计算公式如下：

$$\Delta_i(k) = \left| X'_O(k) - X'_i(k) \right|$$

其中 $i = 1, 2, ... m$；$k = 1, 2, ... n$　　（公式 2）

(4)计算灰色关联系数

灰色关联系数的计算公式如下：

$$\gamma(x_o(k), x_i(k)) = \frac{min_i\ min_k\ \Delta_i(k) + \xi\ man_i\ man_k\ \Delta_i(k)}{\Delta_i(k) + \xi\ man_i\ man_k\ \Delta_i(k)} \qquad \text{（公式 3）}$$

其中 ξ 为分辨系数，是常数，其中取值范围为(0,1)，一般情况下 ξ 取 0.1—0.5，通常情况下 ξ 取 0.5；$i = 1, 2... m$；$k = 1, 2, ... n$。

(5)计算灰色关联度

灰色关联度的计算公式为：

$$\gamma(x_o, x_i) = \frac{1}{n}\sum_{k=1}^{n}\gamma(x_o(k), x_i(k)) \qquad \text{（公式 4）}$$

其中，$i = 1, 2... m$；$k = 1, 2, ... n$。

（二）实证分析的数据测算

1. 数据收集与序列的确定

本研究以 2015—2020 年为研究期间，为保证数据的可获得性以及真实性，基础数据选取重庆市 2015—2020 年的各指标数据。指标数据主要来源于《重庆市体育产业专项调查报告》《重庆市国民经济和社会发展统计公报》《国家统计局》《重庆市统计年鉴》等，见表5－11。

表5－11　新时代重庆市体育产业高质量发展影响因素指标原始数据和数据来源

指标	2015年	2016年	2017年	2018年	2019年	2020年	数据来源
X0	127.38	143.97	162.66	185.82	213.55	226.37	《重庆市体育产业专项调查报告》
X1	16,040.5	18,023.7	20,066.3	21,588.8	23,605.8	25,041.4	国家统计局
X2	15,140.0	16,385.0	17,898.0	19,248.0	20,774.0	21,678.0	《重庆市国民经济和社会发展统计公报》
X3	20,110.0	22,034.0	24,153.0	26,386.0	28,920.0	30,824.0	《重庆市国民经济和社会发展统计公报》
X4	17.10%	12.10%	9.50%	7.00%	5.70%	3.90%	《重庆市国民经济和社会发展统计公报》
X5	0.81%	0.82%	0.84%	0.86%	0.90%	0.90%	《重庆市体育产业专项调查报告》
X6	47.70%	49.10%	52.20%	72.70%	51.30%	37.50%	《重庆市统计年鉴》
X7	262.78	309.15	362.59	423.99	504.72	541.33	《重庆市统计年鉴》
X8	60.94%	62.60%	64.08%	65.50%	66.80%	67.29%	《重庆市国民经济和社会发展统计公报》
X9	3070.0	3110.0	3144.0	3163.0	3188.0	3209.0	国家统计局
X10	71.66	73.25	74.69	76.28	83.49	91.56	《重庆市国民经济和社会发展统计公报》
X11	164,203.0	170,497.0	172,079.0	162,928.0	143,884.0	153,284.0	《重庆市体育产业专项调查报告》
X12	273.0	403.0	503.0	737.0	785.0	821.0	《重庆市体育产业专项调查报告》
X13	153.0	159.0	215.0	319.0	402.0	511.0	《重庆市体育产业专项调查报告》
X15	456,689.0	516,208.0	593,077.0	685,887.0	792,329.0	828,722.0	《重庆市统计年鉴》
X16	470,116.0	479,762.0	488,860.0	493,067.0	552,359.0	648,868.0	《重庆市统计年鉴》

2. 数据的无量纲化

对序列进行无量纲化处理,使各数列间能够进行准确合理的对比分析。目前,采用较多的无量纲化方法是初值化和均值化两种方法;初值化方法适用于稳定递增或递减的数据,而均值化方法适用于无明显升降的数据。由于本研究选取的原始数据多呈现出较稳定的递增趋势,因此采用初值化方法对原始序列进行处理。运用公式1对表5-11进行无量纲化,结果如表5-12所示。

表5-12 重庆市体育产业增加值和各影响因素的无量纲化

指标	2015年	2016年	2017年	2018年	2019年	2020年
X0	1	1.1339	1.2835	1.4646	1.6850	1.7795
X1	1	1.1236	1.2510	1.3459	1.4716	1.5611
X2	1	1.0822	1.1822	1.2713	1.3721	1.4318
X3	1	1.0957	1.2010	1.3121	1.4381	1.5328
X4	1	0.7076	0.5556	0.4094	0.3333	0.2281
X5	1	1.0123	1.0370	1.0617	1.0741	1.1111
X6	1	1.0442	1.0968	1.0800	1.1032	0.7895
X7	1	1.1765	1.3798	1.6135	1.9207	2.0600
X8	1	1.0272	1.0515	1.0748	1.0962	1.1042
X9	1	1.0130	1.0241	1.0303	1.0384	1.0453
X10	1	1.0222	1.0423	1.0645	1.1651	1.2777
X11	1	1.0383	1.0480	0.9922	0.8763	0.9335
X12	1	1.4762	1.8425	2.6996	2.8755	3.0073
X13	1	1.0392	1.4052	2.0850	2.6275	3.3399
X15	1	1.1303	1.2986	1.5019	1.7349	1.8146
X16	1	1.0205	1.0399	1.0488	1.1749	1.3802

3. 比较序列和参考序列的绝对差值

结合上文操作步骤中的公式 2 求出比较序列和参考数列的绝对差值，见表 5 - 13。

表 5 - 13　比较序列和参考数列的绝对差值

指标	2015 年	2016 年	2017 年	2018 年	2019 年	2020 年
X0	0.0000	0.0419	0.0984	0.0895	0.0533	0.1182
X1	0.0000	0.1280	0.3151	0.3993	0.1118	0.5252
X2	0.0000	0.0739	0.1949	0.2528	0.1350	0.4500
X3	0.0000	0.0294	0.1576	0.2137	0.0615	0.3808
X4	0.0000	0.1296	0.3222	0.4688	0.4688	0.7474
X5	0.0000	0.0800	0.2009	0.2229	0.2229	0.3726
X6	0.0000	0.0533	0.0346	0.0363	0.0363	0.2375
X7	0.0000	0.1118	0.0533	0.3250	0.3250	0.5370
X8	0.0000	0.1350	0.1118	0.3724	0.3724	0.6041
X9	0.0000	0.0615	0.1350	0.5649	0.0533	0.7151
X10	0.0000	1.0190	0.0615	1.2198	0.1118	1.0726
X11	0.0000	0.0710	0.6036	0.6705	0.1350	1.0542
X12	0.0000	0.0419	0.0984	0.0895	0.0615	0.1182
X13	0.0000	0.1280	0.3151	0.3993	0.0533	0.5252
X15	0.0000	0.0739	0.1949	0.2528	0.2528	0.4500
X16	0.0000	0.0314	0.1578	0.3291	0.3201	0.4723

4. 计算灰色关联系数

本研究设定分辨系数（ζ）为 0.5，利用（公式 3）计算各影响因素指标与重庆市体育产业增加值的灰色关联系数，如图 5 - 2 所示。

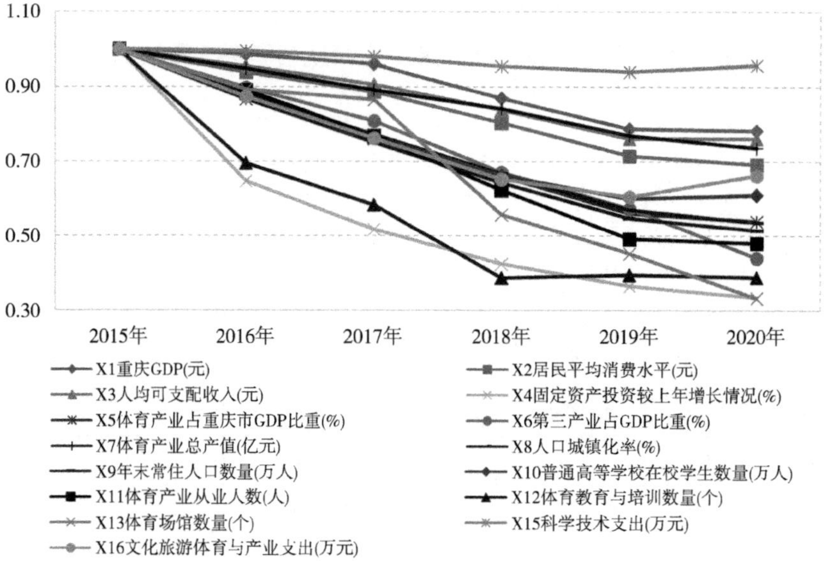

图 5-2　灰色关联系数折线

5. 计算灰色关联度排名

利用公式 4 求出重庆市体育产业高质量发展影响因素的灰色关联度排名,结果如表 5-14 所示。

表 5-14　新时代重庆市体育产业高质量发展影响因素指标灰色关联度排名

一级指标	二级指标	变量	灰色关联度	排名
经济发展	重庆市 GDP	X1	0.897	2
	居民平均消费水平	X2	0.838	5
	人均可支配收入	X3	0.869	3
	固定资产投资较上年增长	X4	0.548	15
	体育产业占重庆市 GDP 比重	X5	0.731	10
	第三产业占重庆市 GDP 比重	X6	0.731	9
	体育产业总产值	X7	0.864	4

续表

一级指标	二级指标	变量	灰色关联度	排名
社会环境	人口城镇化率	X8	0.737	8
	年末常住人口数量	X9	0.720	11
	普通高等学校在校学生数量	X10	0.751	7
体育基础资源	体育产业从业人数	X11	0.709	12
	体育教育与培训	X12	0.575	14
	体育场馆数量	X13	0.683	13
政府支持	科学技术支出	X14	0.971	1
	文化旅游体育与产业支出	X15	0.759	6

关联度数值越高，说明该指标的影响程度越明显，意味着影响因素与重庆市体育产业增加值项之间关系越紧密。图5－3为各影响因素的关联系数，能够更加直观地反映重庆市体育产业高质量发展各影响因素的关联程度。

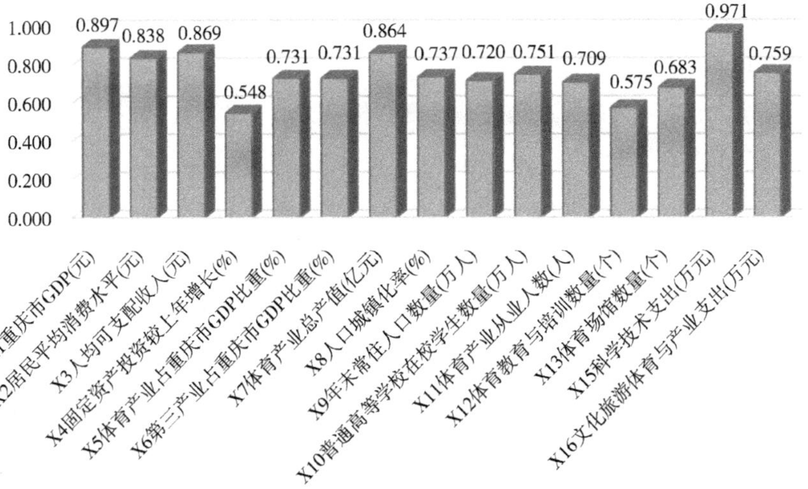

图5－3　新时代重庆市体育产业高质量发展各影响因素的关联程度

(三)实证结果的灰色关联度分析

关联度值介于 0 - 1 之间,该值越大,说明各影响因素指标与重庆市体育产业增加值(母序列)之间的相关性越强。从图 5 - 3 可以看出:15 个评价项中科学技术支出(X15)的关联度最高(关联度为 0.971),其次是重庆市 GDP(X1)(关联度为 0.897)。本研究根据灰色关联度将各评价项分为三个层次:第一层次为高关联度指标,数值介于 0.8—1.0 之间,一共筛选出 5 项;第二层次为中关联度指标,数值介于 0.7—0.8 之间,共有 7 项;第三层次为低关联度指标,数值小于 0.7,共有 3 项。

1. 高关联度分析

15 项指标中高关联度一共有 5 项,分别是表示政府支持力度的科学技术支出(X15)和经济发展方面的重庆市 GDP(X1)、人均可支配收入(X3)、体育产业总产值(X7)和居民平均消费水平(X2)。5 项高关联度中经济发展方向的指标占到 4 项,在一定程度上说明经济发展是体育产业高质量发展的关键驱动因素。

(1)政府支持方面

政府支持方面有一项是高关联度指标,即科学技术支出,对该指标的具体分析如下:

重庆市科学技术支出(X15)与体育产业增加值的灰色关联度是 0.971,在 15 项指标中位居第一,关联性极强。2022 年 2 月 23 日,鹤壁市科学技术局宣称,2021 年全国科学技术支出 9700 亿元,同比 2020 年增长 7.2%,坚持把科技自立自强作为国家发展的战略支撑优先保障,采取一系列有针对性的创新举措。2021 年重庆市财政科学技术支出 98.2 亿元,同比 2020 年增长 13.3%,重庆市经济转型取得巨大成效,同时也看到了产业高质量发展的前景。体育产业作为新兴的行业,离不开政府的调控与扶持,体育产业高质量发展能否稳步前进,在很大程度上取决于政府的财政支持力度。重庆市体育局发布《2022 年重庆市体育产业工作要点》,明确提到:助力构建重庆市营商环境创新试点,推动重庆市数字体育转型以及研制“重庆市智能体育场馆补助办法”等。这一系列举措有利于推进全市智慧体育建设，推动重庆市体育产业高质量发展。重庆市政府通过科学技术财政拨款以及各项措施，为重庆市体育产业高质量发展营造了坚实的经济基础，为体育产业市场发展增添了动力。

（2）经济发展方面

在高关联度指标分析中，经济发展方面的指标占到了 4 项，分别是重庆市 GDP（X1）、人均可支配收入（X3）、居民平均消费水平（X2）以及体育产业总产值（X7），对该 4 项指标的具体分析如下：

重庆市 GDP（X1）与体育产业增加值的灰色关联度为 0.897，排名第二，仅次于科学技术支出（X15），表现出极大的关联性。这说明重庆市体育产业高质量发展与经济发展水平密切相关。近年来，重庆市经济发展迅猛，2015—2020 年，重庆市 GDP 从 16,040.50 亿元增加到 25,041.40 亿元。2021 年重庆市总产值高达 27,894.02 亿元，位居全国第七位。截至 2020 年，重庆市体育产业总产值为 541.33 亿元，相比 2015 年增加值为 226.37 亿元。可见，重庆市 GDP 与体育产业增加值表现出较强的相关性。

人均可支配收入指标（X3）和居民平均消费水平（X2）与体育产业增加值（X7）的灰色关联度较为接近（三者关联度依次为 0.869、0.838、0.864）。重庆市体育局正在探索开展市级体育消费试点城区的建设工作，研制“促进市级体育消费试点工作实施方案”，助力将重庆市建设为国际消费中心城市。2015—2020 年重庆市人均 GDP 与居民人均可支配收入年均增长幅度较为接近，年均增长率分别为 8.36%、8.98%。2015 年重庆市居民人均消费水平为 15,140 元，到 2020 年居民人均消费水平提升至 21,678 元，这三项经济指标与体育产业发展规律相吻合。近年来，重庆市居民生活水平稳步提高，体育产业消费投入能力不断增强，体育产业如何升级转型来满足人们对提高自身健康水平和增强身体素质的迫切需求将成为体育产业发展的主要着力点。

重庆市体育产业总产值（X7）与体育产业增加值的灰色关联度为 0.864，位居第四。2020 年重庆市体育产业总规模为 541.33 亿元，增加值为

226.37 亿元，占全市 GDP 比重 0.9%；虽然未达到西部地区第一水平，但在西部地区属于领先地位。“十三五”时期以来，重庆市经济规模和经济增加值比重都呈现上升趋势；在政府和社会企业的多方合力下，重庆市培育了一大批体育龙头产业，如华熙鱼洞 LIVE、际华园滑学馆、南天湖滑雪场等体育产业项目已建成使用。与此同时，阿里体育、莱茵达体育等企业落户重庆。根据《重庆市体育产业基地管理办法》（渝体〔2020〕280 号）和《重庆市体育局关于开展 2021 年度重庆市体育产业基地申报工作的通知》要求，确定命名劲浪重庆体育用品有限公司、重庆华熙国信体育文化产业发展有限公司等 4 个重庆市体育产业示范单位以及两个示范项目。近年来，体育赛事占体育产业比重较大，如 2021 年在重庆市奥体中心举办全国田径锦标赛、第 28 届全国攀岩锦标赛等十多项体育赛事，壮大了重庆市体育龙头企业，重庆市体育产业总产值增长迅速，极大程度上加快重庆市体育产业向高质量发展阶段迈进。

2. 中关联度分析

数值介于 0.7—0.8 之间的中关联度指标一共有 7 项，其中，社会环境指标有 3 项，分别是人口城镇化率（X8）、年末常住人口数量（X9）和普通高等学校在校学生数量（X10）；经济发展因素 2 项，分别是第三产业占 GDP 比重（X6）、体育产业占 GDP 比重（X5）；政府支持指标是文化旅游体育与产业支出（X16）；体育基础资源 1 项，为体育产业从业人员（X11）。

（1）社会环境方面

社会环境方面关联性包括人口城镇化率（X8）、年末常住人口数量（X9）和普通高等学校在校学生数量（X10）3 项指标，对该三项指标的具体分析如下：

普通高等学校在校学生数量（X10）与体育产业增加值的灰色关联度在社会环境方面 3 项指标中表现最高（关联度为 0.751）。人口城镇化率（X8）和年末常住人口数量（X9）与体育产业增加值的关联度数值相对较低（关联度分别为 0.737、0.720），位于第八位和第十一位。虽然这 3 项指标均未达到 0.80，但从整体排名上看，社会环境因素均位于中等水平且排名靠近，在一定程度上反映了重庆市体育产业高质量发展的社会环境还有待加强。近年来,重庆市人口基数较为稳定,2015—2020 年重庆市年末常住人口数量呈缓慢增长趋势,从 2015 年的 3000 万人提升至 2020 年的 3200 万人。2022 年重庆市人民工作政府报告中提出,要落实深化体教融合发展实施意见,修订竞技体育开展意见,扩大普通高等学校在校人数,培养一批优质的后备体育人才队伍。高素质人才已成为科技创新能力发展的首要因素,培养和储备体育人才将成为提升重庆市体育竞技能力的重要途径。因此,壮大高素质人才队伍,对促进重庆市体育产业高质量发展尤为重要。

重庆市人口城镇化率(X8)与体育产业增加值的灰色关联度为 0.737,位居第八。人口城镇化率作为衡量城市发展的一项重要指标,是扩大内需、促使经济快速增长的重要拉动力,更是一项尤为重要的民生工程。重庆市依托得天独厚的地理位置,以长江、嘉陵江为主轴发展体育产业取得了不错的成效。应进一步通过改善体育事业高质量发展的社会环境,提高重庆市体育产业附加值。当前重庆市体育消费、竞技体育行业和体育基建正处于发展时期,重庆市政府应积极推动体育高质量发展,提出要对标先进、树立标杆,打造出与直辖市地位相匹配的体育产业。应继续开发“两江”新区等地的体育产业,增大体育场馆设施建设力度,通过筹备大型赛事活动等来丰富体育产业供给。此外,重庆市政府应组建城乡经济区,统筹城乡区域总体发展。

(2)经济发展方面

经济发展方面关联度指标包括第三产业占 GDP 比重(X6)和体育产业占 GDP 比重(X5)两项指标,对该两项指标具体分析如下:

重庆市第三产业占 GDP 比重(X6)和体育产业占 GDP 比重(X5)与体育产业增加值的关联度均为 0.731,并列第九名,这说明重庆市第三产业与体育产业发展规律吻合度较高。第三产业发展水平作为衡量地区经济发展水平重要指标之一,重庆市政府加快体育产业发展能够助推地区经济发展,扩大就业渠道。

2015—2020 年重庆市第三产业增加值年平均增长速度达 11.47%。第三产业占 GDP 比重从 2015 年占比 47.50% 提升到 2017 年的 52.10%，呈稳步增长趋势。2017—2018 年第三产业占 GDP 比重快速增长至 73.00%，创历史新高，而 2020 年受到疫情冲击，第三产业占 GDP 比重跌落至 37.5%。整体来看，重庆市第三产业占 GDP 比重波动较大，而体育产业占 GDP 比重始终在 0.8%—0.9% 之间浮动，并未受到太大影响，表现出较为稳定的增长趋势（见图 5－4）。重庆市第三产业占 GDP 比重和体育产业占 GDP 比重与体育产业增加值的关联度虽然排名不靠前，但两者的关联系数均大于 0.70。这在一定程度上反映出重庆市体育产业发展仍需注重提升体育服务水准，提高锻炼者的参与满意度，从而将更多体育行业参与者转变为体育市场消费者。

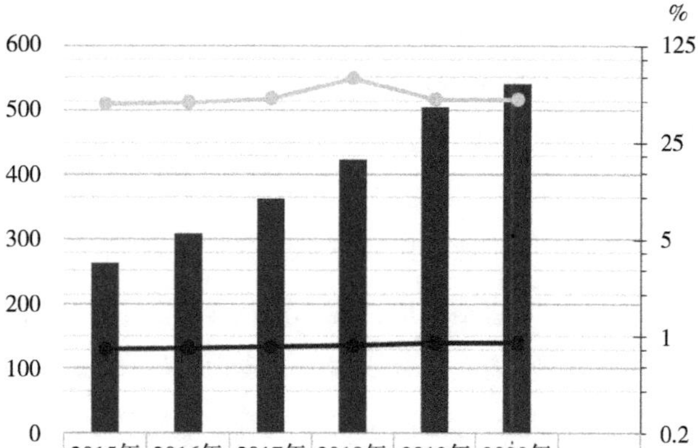

	2015年	2016年	2017年	2018年	2019年	2020年
体育产业总产值(亿元)	262.78	309.15	362.59	423.99	504.71	541.33
第三产业占GDP比重(%)	47.70	49.10	52.20	72.70	51.30	51.30
体育产业占GDP比重(%)	0.81	0.82	0.84	0.86	0.90	0.90

图 5－4 体育产业占 GDP 比重与第三产业占 GDP 比重变化趋势

（3）政府支持与体育基础资源方面

政府支持方面关联度指标是文化旅游体育与产业支出指标（X15），体育基础资源方面主要是体育产业从业人数指标（X11），对该两项指标分析如下：

文化旅游体育与产业支出指标（X16）与体育产业增加值的灰色关联度

为0.759,位列第六,这说明重庆市体育产业高质量发展对文化旅游体育与产业支出的依赖性较强,落后于居民平均消费水平指标。2015—2020年重庆市文化旅游体育与产业支出稳步增加,从2015年的470,116.00万元增加到2020年的648,868.00万元。从这些数据可以看出,重庆市政府对文化旅游体育与产业支出呈逐年上升趋势,政府扶持力度不断加大。近期重庆市体育局、重庆市文化与旅游发展委员会等组织机构举办2022年中国成渝国际体育博览会暨第四届重庆市体育产业博览会(以下简称成渝体博会)。该博览会是重庆市体育局大力扶持开展的体育产业成果展示、体育资源对接交流的平台,开设有"体旅融合展区""体育强国成果展区"等十大展区,活跃了成渝地区的文化旅游体育活动,助推了重庆市体育产业的高质量发展。

重庆市体育产业从业人数(X11)与体育产业增加值的灰色关联度为0.709,排名第十二,虽然排名处于中下游,但与其他两项体育基础资源指标相比,呈现出最高的关联性。重庆市体育产业发展状况与体育产业从业人员的数量和质量有着较高的联系;还有另一个重要因素是体育产业的就业吸纳能力,会直接影响体育产业从业人数与体育产业增加值关联度大小。因此,在"十四五"时期,重庆市体育产业高质量发展要抓好体育从业人员质和量的有效供给,充分认识到体育产业就业对体育事业的拉动作用,深挖体育产业对于重庆市经济社会发展的贡献价值。

3. 低关联度分析

在筛选的15项指标中,与重庆市体育产业增加值灰色关联度低的三项指标分别是体育场馆数量(X13)、体育教育与培训(X12)以及固定资产投资较上年增长(X4)。关联度分别为:0.683、0.575、0.548。

(1)体育基础资源方面

体育基础资源方面低关联度指标包括体育场馆数量(X13)与体育教育与培训(X12)两项,对该两项指标具体分析如下:

体育场馆数量指标(X13)与重庆市体育产业增加值的灰色关联度为0.683,在低关联性分析的三个指标中位于第一,但相较于经济发展因素来说,体育场馆数量指标的灰色关联度较低。一方面,"十三五"时期,重庆市体育产业虽然在不断发展中,但存在发展速度较慢,发展投入不够,以及发展道路狭窄等突出问题。主要体现在体育场地规模不够、新增体育场地不足,废旧的体育场地数量多,而体育场地数量和设施管理情况直接关系到居民参与体育锻炼的情况,因此体育场馆数量与体育产业增加值灰色关联度较低。另一方面,重庆市体育场地面积较少,未能在重庆市体育产业的高质量发展中发挥较大作用。虽然2020年重庆市体育场地设施建设占比略有提升,增加值为9.74亿元,占比4.3%,较2019年提升了0.1个百分点。但相较于上海、北京、广州等地,重庆市的体育场地面积仍然较低,难以与体育产业高质量发展水平相匹配。因此,从数据分析结果来看,重庆市体育场馆数量与体育产业高质量发展的灰色关联程度处于较低水平。重庆市政府应增设大量体育场馆设施,通过筹备大型赛事活动等方式来扩大体育产业供给。

(2)经济发展方面

经济发展方面一共涉及七项指标,只有固定资产投资较上年增长指标(X4)是低关联度,对该指标具体分析如下:

重庆市固定资本投资较上年增长(X4)与体育产业增加值的关联度为0.548,关联度排名最低。2015—2020年重庆市固定资本投资增长数值呈逐年下降趋势,从2015年的17.10%回落至2020年的3.90%,固定资本投资增速六年平均下降9.22%。该数据从侧面反映出重庆市固定资本投资后期增长压力较大,主要表现在大项目少、新项目少、新旧接替动力不足。因此,重庆市体育产业高质量发展对固定资产投资较上年增长指标的依赖较小。目前,重庆市各区县应以地区体育高质量发展为目标;重庆市政府应坚持加大体育项目带动力度,不断夯实体育发展之基,以优质项目引领重庆市体育产业转型升级。

三、本章小结

重庆市体育产业总体发展规模不断提升,体育产业发展空间巨大,重庆市民体育消费能力与消费水平呈稳中向上态势。目前,重庆市政府应着眼于人民幸福,加大体育财政投入,优化产业结构,培养重庆市体育高质量发展新形态。

首先,本章基于目前已有文献初步筛选出新时代重庆市体育产业高质量发展的影响因素指标,根据指标选取原则,分别从经济发展、社会环境、体育基础资源和政府支持四个方面初步筛选出 17 个指标,应用 SPSS 数据处理软件进行因子分析,进一步验证各影响因素选取的合理性,最终确定体育产业从业人员、人口城镇化率等 15 个指标。

其次,基于 SPSSAU 软件对重庆市体育产业高质量发展影响因素指标与重庆市体育产业增加值进行灰色关联分析,将灰色关联度系数排名如下:科学技术支出 > 重庆市 GDP > 人均可支配收入 > 体育产业总产值 > 居民平均消费水平 > 文化旅游体育与产业支出 > 普通高等学校在校学生数量 > 人口城镇化率 > 第三产业占重庆市 GDP 比重 > 体育产业占重庆市 GDP 比重 > 年末常住人口数量 > 体育产业从业人数 > 体育场馆数量 > 体育教育与培训 > 固定资产投资较上年增加。

最后,将灰色关联度结果分为高关联度指标、中关联度指标以及低关联度指标三个层次进行分析,发现新时代重庆市体育产业高质量发展与经济发展密切相关,同时也离不开政府支持,对政府支持力度有着较高的依赖性。近年来重庆市经济高速发展,人民物质生活水平大幅度提高,为体育等新兴产业提供广阔的市场前景。新时代重庆市体育产业高质量发展应抓好体育产业与其他相关产业协同发展,不断提升重庆市民的健身意识,打造特色体育产业集群区,有效促进体育产业的高质量发展。

第六章　新时代重庆市体育产业高质量发展的动力机制

一、新时代重庆市体育产业高质量发展的动力要素

动力比喻推动工作、事业等前进和发展的力量，泛指事物运动和发展的推动力量。[1] 要素指的是构成事物的必要因素。[2] 故动力要素是指构成事物运动和发展推动力量的必要因素。体育产业高质量发展的动力机制的基础是内外动力组成要素的协同组合和共同发力。[3] 笔者根据文献以及重庆市体育产业高质量发展的现实情况，将重庆市体育产业高质量发展的动力要素分为内部和外部两个动力要素。

（一）内部动力要素

内部动力要素，指的是体育产业内部的需求与供给之间的变动，以及人力、资本、科技、信息、知识产权等支撑要素的组成。内部动力要素是体育产业高质量发展的动力机

---

〔1〕 参见百度百科网，https://baike. baidu. com/item/动力/891484? fr = aladdin，访问日期：2014 年 5 月 25 日。

〔2〕 参见百度百科网，https://baike. baidu. com/item/要素？fromModule = lemma_search – box，访问日期：2014 年 5 月 25 日。

〔3〕 参见黄奕伟：《山东省体育产业高质量发展的动力机制研究》，曲阜师范大学 2020 年硕士学位论文。

制研究的核心内容,新时代重庆市体育产业高质量发展的内部动力要素是由生产要素(供给推动力),消费要素(需求牵引力),人力、资本、科技、知识产权要素(要素支撑力)三方面构成。生产指的是企业向消费者提供体育产品或服务。消费要素端指的是能够满足消费者物质及精神各方面体育需求的要素。内部动力要素互相促进,形成一个正向的反馈回路(见图6-1)。

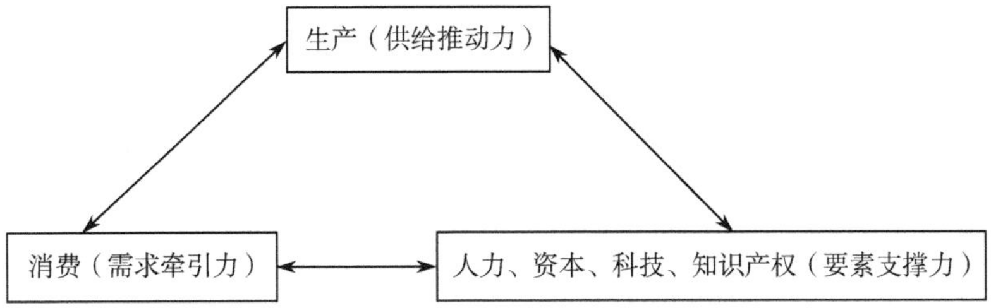

图6-1　内部动力要素

(二)外部动力要素

外部动力要素,主要指的是社会环境的变化对体育产业的推动作用。外部动力要素是重庆市体育产业高质量发展的基本条件。新时代重庆市体育产业高质量发展的外部动力要素,包括政府行政、产业政策、经济水平和市场环境(见图6-2)。经济水平的高低将对体育产业发展产生影响。经济发展水平决定消费能力,经济水平的提高能够促进体育市场环境的发展,政府发布体育产业各项有利政策,对体育产业的发展有着巨大的推动作用。

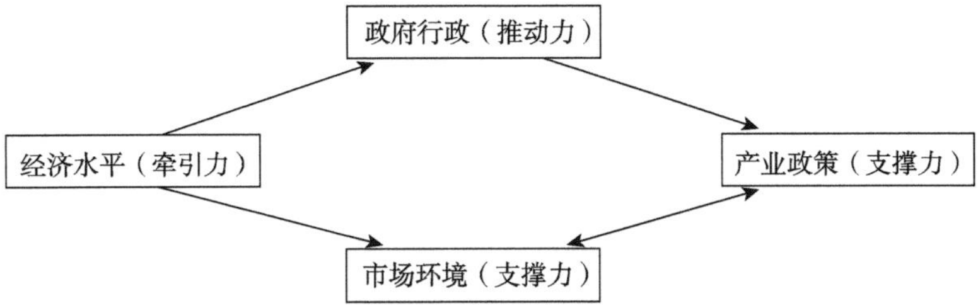

图6-2　外部动力要素

二、新时代重庆市体育产业高质量发展的动力结构

重庆市体育产业高质量发展内外部动力要素之间的关系，构成了新时代重庆市体育产业高质量发展的动力结构。新时代重庆市体育产业高质量发展的动力结构包括内部和外部两个动力结构。

（一）内部动力结构

1. 生产供给和消费需求双向驱动力

重庆市体育产业高质量发展的核心内容是消费与生产（需求与供给），两者耦合关联，推动需求侧与供给侧双向发力，共同促进新时代重庆市体育产业的高质量发展。从供给方面来看，该机制的出发点是推进结构性改革，提高生产效率，降低生产成本，提升产品服务质量，有效分配资源；从需求方面来看，该机制的出发点是扩大体育消费，满足新时代重庆人民群众日益增长的体育需求。只有深刻理解和精确把握供求的基本经济规律，强调有效供给，才能明确重庆市体育产业发展思路，搞清重庆市体育产业工作重点，实现其体育产业的高质量发展。

2. 产业要素驱动力

人力、资本、科技、知识产权等要素是新时代重庆市体育产业高质量发展必不可少的部分，特别是科技信息、知识产权要素是促进重庆市体育产业高质量发展的重要因素，创新驱动已成为经济增长的新动力。在重庆市体育产业发展的初级阶段，主要依靠传统产业要素驱动，科技、信息、知识产权等要素驱动力不明显。在新时代重庆市体育产业高质量发展阶段，科技、信息、知识产权等要素的驱动力将会明显提升，重庆市体育产业发展的驱动力开始转换，以科技创新为主要驱动力，更加依赖科技、信息知识产权等要素。

（二）外部动力结构

1. 市场环境驱动力

重庆市人民的收入和生活水平取决于重庆市社会经济水平，重庆市人

民的消费水平取决于收入和生活水平,收入和生活水平的提升,将大大提升新时代重庆市人民对体育健身的精神追求,促进重庆市体育市场环境改善,新时代重庆市人民将会更加注重身体健康以及身材管理,高质量的体育产品与体育服务更能满足重庆市人民对体育的需求。市场环境的优化可以驱动新时代重庆市体育产业的发展。有关资料显示,当居民的人均国内生产总值(GDP)突破 8000 美元时(约5 万元人民币),人们对体育的消费将会大幅提升,市场环境也会有着质的发展,体育市场规模将大大扩充,推动体育产业飞速成长。市场环境在资源配置中发挥决定作用,是深化经济体制改革的关键,也是实现高质量发展的根本保证。

2. 政府行政驱动力

目前,由于国内外经济环境的变化,中国经济发展的重点已从传统产业转向新兴产业。《体育强国建设纲要》指出,体育产业作为重要的“新兴产业”,发展潜力巨大,到2035 年将成为“支柱性产业”,承担着成为国民经济新的增长点的重要任务。从重庆市政府角度来看,重庆市政府应促进体育和体育产业的整体发展。体育的发展就是体育产业的发展,体育产业政策的发布是促进重庆市体育产业高质量发展的重要保障,重庆市政府对体育产业的行政支持能够推动重庆市体育产业高质量发展。全民健身和竞技体育的全面发展,可以增强全社会的体育意识,提高体育参与水平以及体育消费水平,从而带动体育产业的发展。应正确处理重庆市体育资源开放、加强重庆市体育服务监管的关系,放开重庆市体育资源与体育市场。同时,要及时跟进重庆市体育服务和监管措施,着力优化重庆市体育经营环境,努力推进新时代重庆市体育产业监管理念、方法与手段的创新,营造公平、法治、平等、高效的重庆市体育产业市场准入环境、消费环境与竞争环境。

三、新时代重庆市体育产业高质量发展的动力系统

新时代重庆市体育产业的高质量发展是产业发展过程中内外部动力协同作用的结果,是一个具有完整驱动力、牵引力和支撑结构的动力系统。接下来将从内部和外部两方面来分析其动力系统。

(一)内部系统

1. 生产供给推动力

从供给侧来看,生产包括体育产品和体育服务两个方面。如图6－3所示,体育产品包括体育制造业领域的体育用品制造,体育服务业包括体育竞赛表演、体育经纪与代理、广告与会展、表演与设计服务等。[1] 由重庆市体育产业发展现状分析可得,重庆市体育制造业2020年对重庆市体育产业增加值贡献率超过22%,可以看出重庆市体育产业制造业发展迅速。重庆市体育服务业2020年总体规模占比较2019年降低15.1%,可以看出重庆市体育服务业受疫情冲击较大,存在市场需求旺盛而赛事服务有效供给不足、服务质量有待提升的矛盾,究其根本是生产供给推动力不足,导致体育产业质量效益不高。

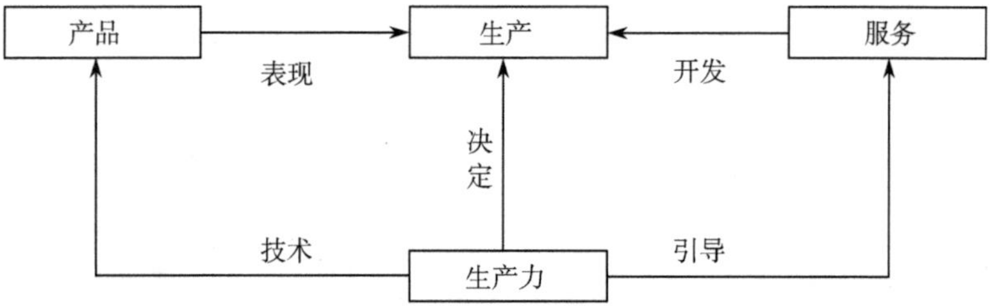

图6－3　生产供给推动力

从体育产品方面来看,重庆体育制造业发展迅猛,但还是需要不断提升产品质量。提升产品质量必须投入人力、资本,进行科技与知识产权开发。通过提升体育用品的价值、科技含量,可以缩短产品的更新周期,提高产品研发效率。应促使重庆市体育制造业低投入、高回报,推动重庆市体育产业高质量发展。

从体育服务方面来看,随着重庆市人民生活水平的不断提升,重庆市人民对体育服务的要求不仅是满足生理方面的低层次要求,更是追求自我实

[1] 参见黄海燕:《我国体育产业新阶段特征及发展趋势》,载《体育学研究》2018年第1期。

现的高层次心理需求。因而，要不断提升体育产品服务质量，把握客户高层次的心理需求，提供多样化、多层次的服务产品，对不同类型的客户提供不同的精准化定位。实现重庆体育服务业高质量发展。

2. 消费需求牵引力

从需求方面来看，体育消费可以分为自发消费和引导消费。如图6－4所示，自发消费取决于消费者嗜好、价格水平、社会风尚等因素；引导消费是指商家通过各种营销手段，来吸引顾客购买。两者相互影响，缺一不可。自发消费是引导消费的前提，引导消费是自发消费的延伸。两者相辅相成，共同促进体育产业结构升级。

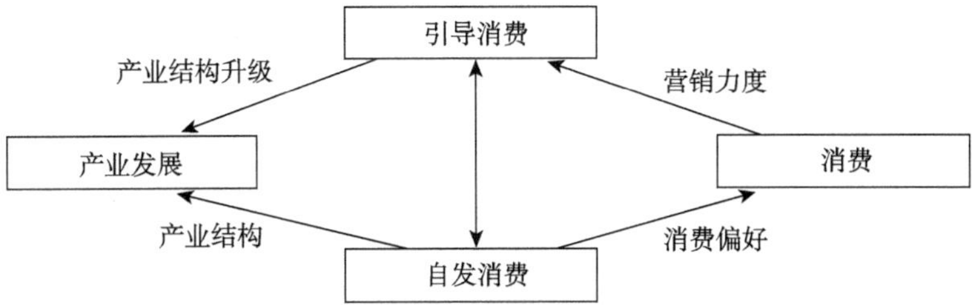

图6－4　消费需求牵引力

体育消费需求可以促进产业发展，由重庆市国民经济和社会发展统计公报数据可知，2021年重庆市人均可支配收入为33,803元，和2020年相比，增加2800元，同比增长速度为9%；重庆市城镇人均可支配收入为43,502元，重庆市农村人均可支配收入为18,100元，和2020年相比，增加1700元。按国际通行标准，重庆市居民生活水平已经达到中等偏上的水平了，但重庆市城乡居民体育消费结构不合理，城乡体育消费差距较大，主要原因是城乡居民的全民健身意识较低，体育消费意识差。养成重庆市人民的体育消费习惯是一个漫长的过程，需要提高重庆市人民的运动意识，使其主动消费，也需要各个重庆市体育产业商家的引导消费，双管齐下，才能促进重庆市体育产业消费需求，从而促使重庆市体育产业高质量发展。

3. 要素支撑力

生产要素对扩大体育产业规模、提升产品服务质量、推动产业结构升级起着支撑作用;体育产业规模的扩大,体育产品与服务质量的提升,体育产业结构的升级又促进产业生产要素不断优化进步,循环往复,促进体育产业高质量发展。如图 6－5 所示:

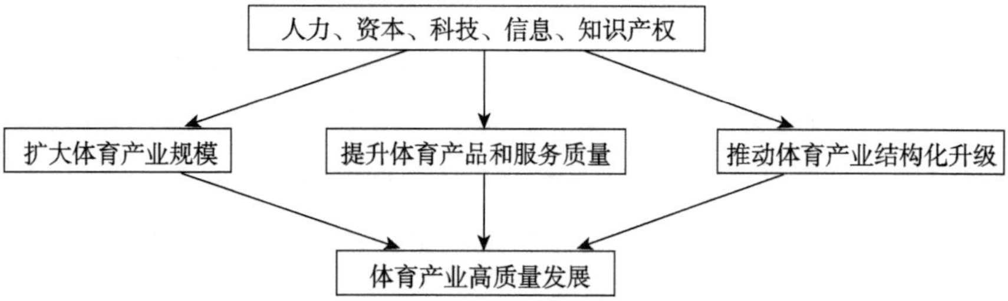

图 6－5　人力、资本、科技、信息、知识产权等要素支撑力

由重庆市体育产业发展状况分析得出,2020 年重庆市的各项体育产业总体规模与大多体育强省(市)相比较小,重庆市体育产业大多处于资本积累阶段,收益较一些体育强省(市)产业有一定差距。重庆市体育产业对生产要素投入心有余而力不足,现阶段生产要素对扩大重庆市体育产业规模并没有明显作用。从重庆市体育产业结构现状来看,重庆市体育管理活动、体育竞赛表演、体育经纪与代理、广告与会展、表演与设计服务、体育传媒与信息服务的总体规模较小、增加值低,重庆这几类体育服务类产业发展并不占优势。另外,政府对重庆市体育产业知识产权并没有发布相关保护手段与激励政策;重庆市大多数体育产业故步自封,缺少创新,导致重庆市体育产品制造业与体育服务业缺乏竞争力。总之,目前,重庆市体育产业的要素支撑力还未发挥出显著作用。

(二)外部系统

1. 经济水平牵引力

社会经济水平直接影响着人们的收入水平、体育产业结构、体育基础设施建设(见图 6－6)。有关资料显示,当居民的人均 GDP 突破 8000 美元时(约 5 万元人民币),体育产业将会高速发展。从收入水平上看,由重庆市统计局数据统计可知,重庆市 2021 年人均 GDP 为 78,000 元,折合成美元约为

12,242 美元。这意味着重庆市体育产业迎来飞速发展的时期,重庆市人民体育消费水平将大幅提升。从产业结构来看,2020 年重庆市体育服务业生产规模占比为 55.3%,制造业生产规模占比为 37.3%,体育场地设施建设业生产规模占比为 7.4%(见表 2-10),可以看出重庆市体育产业结构还有待完善。从体育基础设施建设来看,重庆市国家级体育示范单位仅有 1 家,示范单位 2 家,示范项目 0 个。重庆市人均体育场地面积 2.08 平方米,而全国人均体育场地面积 2.41 平方米。可以看出重庆市体育基础设施与全国相比并不占优势,还需不断提高重庆市体育产业基础设施建设水平。

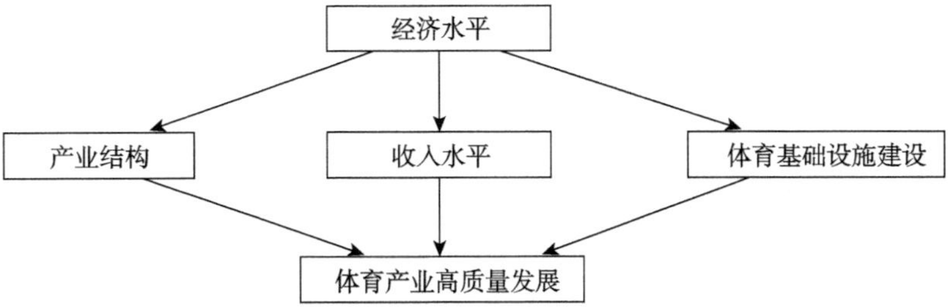

图 6-6　经济水平牵引力

2. 政府行政推动力

重庆市政府积极开展体育行政工作对重庆市体育产业发展有促进作用,可以确立重庆市体育产业的地位,明确重庆市体育产业的价值;可以促进重庆市体育产业的资源有效配置,并完善重庆市体育产业的体系;可以推动重庆市体育产业高质量发展(见图 6-7)。目前,重庆市体育产业处于发展初期,需要政府的大力支持,如何借助政府行政的推动力是其体育产业高质量发展的重中之重。重庆市政府需合理分配重庆市体育产业资源,扶持、培养具有竞争力的体育企业,完善体育产业体系,鼓励重庆市体育产业发展,推动重庆市体育领域人才创业,实现重庆市体育产业高质量发展。

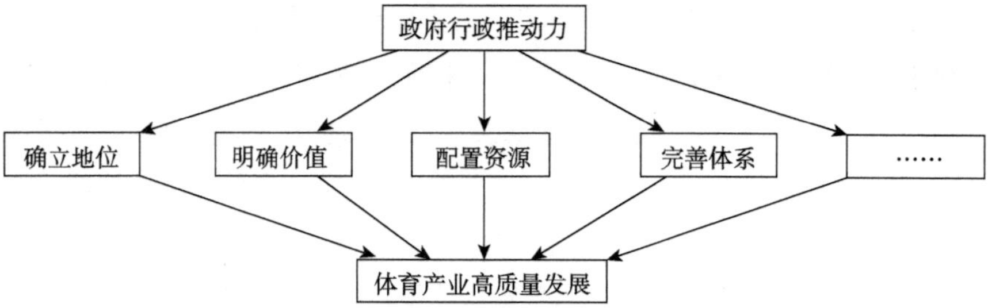

图6－7　政府行政推动力

3.市场环境支撑力

市场环境支撑力(见图6－8)主要包含营商环境、市场环境、关联环境、技术环境等。市场环境支撑着体育产业高质量发展。从营商环境来看,重庆市将注重打造与国际消费中心城市相匹配的营商环境,以开放包容态度,积极推出简化证照办理、促进跨境贸易便利化、支持开展宣传营销等政策,进一步增强重庆消费的魅力。从资源环境来看,万盛经济技术开发区国家体育产业示范基地规划的实施和重点项目建设,为后续重庆市体育产业基地建设提供经验和支持,万盛、涪陵、江津、南川都形成了一些体育产业聚集园区。从关联产业来看,利用成渝地区双城经济圈的建设奇迹,将旅游业与体育产业相结合,共同推动体育旅游业融合发展。从技术环境来看,支持智能健身、云赛事、虚拟运动等体育新业态发展。总之,在完善重庆市体育公共服务平台、重庆市体育大数据中心等全民健身信息服务平台,促进体育资源互联互通,支持智慧体育社区、智慧体育公园、智慧体育场馆建设,进一步完善全民健身智慧化服务机制,逐步构建信息发布及时、服务获取便捷、信息反馈高效的“重庆体育云生态”。这些市场环境的支撑力共同促进新时代重庆市体育产业发展;重庆市体育产业应不断扩充市场环境,促进新时代重庆市体育产业高质量发展。

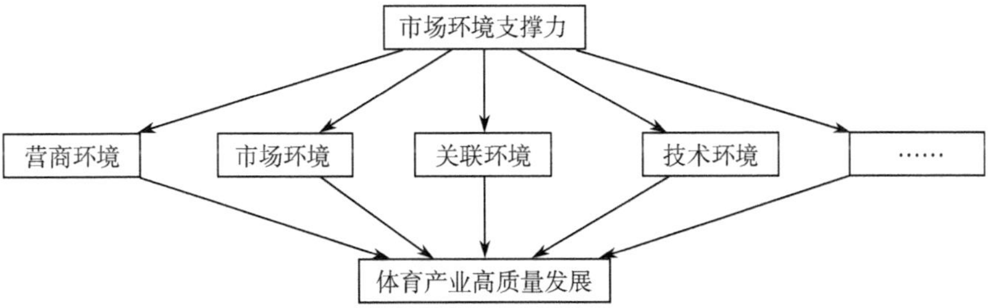

图 6－8　市场环境支撑力

4. 产业政策支撑力

体育相关政策文件的发布对于体育产业发展起着重要支撑作用。随着《体育强国建设纲要》《国务院办公厅关于促进全民健身和体育消费推动体育产业高质量发展的意见》《“十四五”体育发展规划》等文件(见表 6－1)的发布,重庆市政府积极响应国家体育政策方针,相继发布《重庆市体育事业专项资金管理办法》《重庆市人民政府办公厅关于建设体育强市的实施意见》《重庆市全民健身实施计划(2021—2025 年)》《2022 年重庆市体育产业工作要点》等文件,明确重庆市体育产业未来的发展规划与发展目标,提出重庆市体育相关政策将助力重庆市体育产业高质量发展,到 2050 年实现重庆市体育产业高质量发展。这些产业政策的发布为重庆市体育产业高质量发展创造了有利条件,重庆市体育产业将进一步发展壮大。

表 6－1　近年体育产业政策梳理汇总*

政　　策	年份	颁布机构
《体育强国建设纲要》	2019	国务院办公厅
《国务院办公厅关于促进全民健身和体育消费推动体育产业高质量发展的意见》	2019	国务院办公厅
《“十四五”体育发展规划》	2021	国家体育总局
《重庆市体育事业发展专项资金管理办法》	2020	重庆市财政局 重庆市体育局

续表

政　　策	年份	颁布机构
《重庆市人民政府办公厅关于建设体育强市的实施意见》	2021	重庆市政府办公厅
《重庆市全民健身实施计划(2021—2025)》	2022	重庆市人民政府
《2022 年重庆市体育产业工作要点》	2022	重庆市体育局

＊本表数据来源于政府工作网站,经整理统计形成相应数据。

四、新时代重庆市体育产业高质量发展的动力保障

目前,重庆市体育产业高质量发展还存在一些亟待解决的问题。针对重庆市体育产业高质量发展存在的问题,接下来将从内部系统保障和外部系统保障两个方面进行分析。

(一)内部系统保障

由内部系统分析得出,重庆市体育产业现阶段存在内部动力不足现象。不断提升新时代重庆市体育产业内部动力系统保障,以生产供给驱动力保障体育产业转型升级,有利于促进重庆市体育产业结构优化,有利于推动体育产业重点领域加快发展、激发市场主体活力、塑造体育产业知名品牌;以消费需求牵引力保障体育消费提质扩容、优化体育消费环境、创新消费引导机制、培养终身运动习惯;以要素支撑力保障产业协同创新能力提升,优化人才队伍结构、引导社会资本投入、强化科技信息技术应用、加强知识产权保护。内部系统保障如图 6 -9 所示。

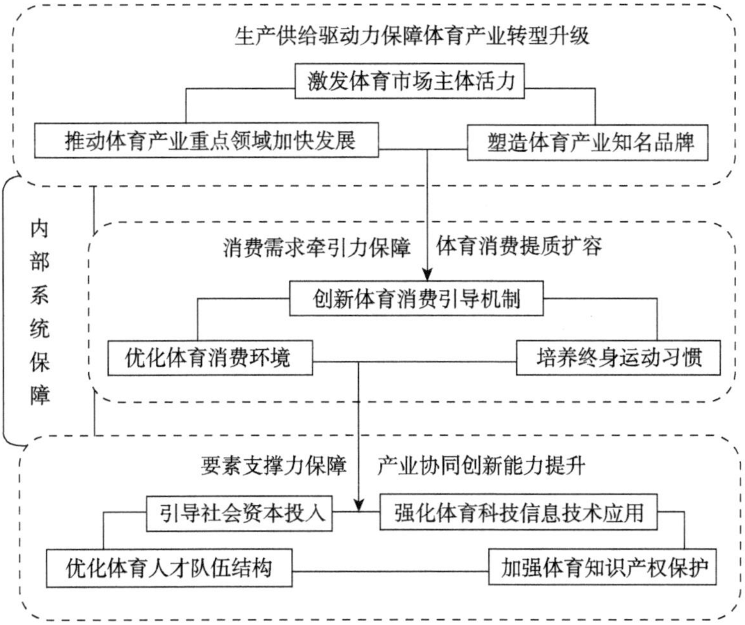

图6－9　新时代重庆市体育产业高质量发展内部系统保障

1. 生产供给驱动力保障

(1)推动体育产业重点领域快速发展

重庆市政府明确把“一区两群”作为体育产业的发展重点，实现重庆市体育产业区域发展平衡。“一区两群”，即由都市功能核心区、都市功能拓展区和城市发展新区构成大都市区；由渝东北生态涵养发展区11个区县的城镇，构成以万州为中心城市的渝东北城镇群；由渝东南生态保护发展区6个区县的城镇，构成以黔江为中心城市的渝东南城镇群。

现阶段，重庆市各区域的经济水平差异较大，各区域体育产业发展不平衡，“一区两群”战略规划为促进各片区发挥区位优势和依托特色协同发展体育产业提供契机。各区县体育主管部门应当根据所在区域的体育资源和特色，形成体育产业的“增长极”效应。对“一区”而言，一方面，要强化主城都市区的中心城市功能和产业辐射带动作用，推动体育产业高质量发展，包括充分利用体育旅游产业发展大会、体育产业博览会等平台，支持推动阿里体育西南总部早日在重庆建成投用；另一方面，要发挥产业辐射带动作用，促进“两群”的体育产业发展，加强与“两群”的体育产业链接，加快要素资源和相关产业向“两群”有效扩散。“两群”应重点发展区域特色体育产业，结合当地的产业优势、民俗风情、气候地貌等特点，精准确定产业方向，实现差异化发展。

(2)激发体育市场主体活力

一是推动重庆市体育相关行业融合发展，搭建重庆市体育产业发展平台，打造重庆市体育产业品牌，支持社会力量参与投资体育产业项目。二是增加对重庆市体育基础设施的投资，鼓励社会兴办体育健身俱乐部、体育休闲中心等多种形态的体育服务经营实体，通过培育骨干体育企业、扶持中小微体育企业激发重庆市市场主体活力，增加体育产品有效供给，壮大体育消费市场，实现重庆市体育市场迅速发展，促进新时代重庆市体育产业高质量发展。

(3)塑造体育产业品牌

重庆市体育产业在追求规模效应的同时，也应该致力于推动建立有较高知名度、较大影响力以及较强市场竞争力的产业品牌，实现“区区有品牌，县县有特色”，进一步推动“一地一品”向“一地多品”转化提升。一是巩固提升中国国际山地户外运动公开赛(重庆武隆)、重庆国际马拉松、长寿湖铁人三项等体育赛事品牌地位，打造重庆市全国户外运动首选地。二是积极培育、大力发展三大球、三小球、水上运动、路跑、自行车、武术等运动项目品牌；积极打造赛事品牌、区域品牌也是体育产业高质量发展的关键。

2. 消费需求牵引力保障

(1)优化体育消费环境

重庆市体育产业优化体育消费环境可以依靠体育场馆，建设健身休闲、竞赛表演等多功能的体育服务综合体。一是通过拓展体育消费空间，来满足民众多元化的体育消费需求，通过探索体育场馆的经营权与所有权相分离的原因，优化服务标准与流程，提高运营效率与服务水平，改善体育消费体验。二是主动实施“互联网＋体育”项目，鼓励互联网开拓线上与线下体育消费服务,创新体育消费模式,促进体育消费便利化。例如,荣昌区利用大数据、云计算等技术,推进场馆智能化管理。荣昌区大型体育场馆低成本免费开放取得了显著成效,绩效考核位居全市前列,被选为全国体育消费试点。

(2)创新体育消费机制

创新新时代重庆市体育消费机制,一方面,可发展重庆市夜间体育消费,促进休闲业与体育赛事融合发展,在热点商业区和地标性场所开展与体育赛事、展览等相关活动,不断提高重庆市居民夜间体育消费水平,促进周边休闲娱乐业发展。例如,“世界杯”期间,在球迷的加持下,重庆市许多餐饮业都吃到了赛事经济的红利。另一方面,可以从运动员与赛事观众身上寻找商机,如运动员的衣食住行方面,以及赛事纪念品与衍生品等方面,进而提高体育赛事的综合效益,把体育赛事经济发展起来。

(3)培养终身运动习惯

一是推进重庆市学校体育改革,确保学生有一个小时时间进行体育运动,加强运动技能培训,支持重庆市体育俱乐部与体育社会组织的发展,引导学生参与体育活动,从小培养运动习惯,终身参与运动。二是营造全民健身氛围,加强全民健身宣传,利用网络传播等平台,引导群众树立健身强身理念,普及宣传运动益处,弘扬重庆市体育文化,培养重庆市人民终身运动习惯。

3. 要素支撑力保障

(1)优化体育人才队伍结构

优化新时代重庆市体育人才队伍结构可以从以下几个方面进行:第一,加强体育管理人才建设队伍,为重庆市现有体育产业核心管理人提供培训学习机会。第二,加强重庆市体育产业专业人才的培养。一方面,制定完善的体育专业人才聘用、选拔等制度,吸引适应现代体育发展、专业素质高的人才落户重庆;另一方面,鼓励重庆普通高校、职业院校设置体育产业相关专业,形成有效支撑重庆市体育产业发展的高层次人才培养体系。第三,扩充备战赛事的人才储备。首先,加大高水平教练、科研人员、体能训练师的引进；其次，通过与国内外高水平专业机构开展战略合作，在专业技术人才培训、运动项目校园普及、专业教练现场指导等方面加强合作。重庆市体育产业想要生产要素投入低，资源配置效率高，离不开体育高素质人才支撑。重庆市体育产业一方面需要有针对性地扩充人才队伍；另一方面要持续提高人才综合素质。

（2）引导社会资本投入

一是由政府出资引导，吸引社会投资，设立重庆市体育产业投资基金。利用投资基金，加强全民健身中心、体育场馆、体育公园、体育特色小镇等基础体育产业设施，打造独具特色的重庆市全民健身步道。二是不断开发重庆市全国户外运动首选地，吸引外资投入，有效完善重庆市体育基础设施建设。

（3）强化体育科技信息技术应用

近几年，数字技术在我国经济社会的诸多领域渗透，科技信息的强化将推动体育产业高质量发展，促进体育服务业提质增效、体育制造业转型升级。《2022 年重庆市体育产业工作要点》指出，要推进数字体育转型升级。重庆市体育产业应牢牢把握这一机遇，合理利用大数据、云计算、人工智能、5G、区块链等新技术，推进体育产品与服务线上线下融合、重庆市体育产业的数字化和智能化发展。

（4）强化体育知识产权保护

重庆市政府可以建立体育无形资产评估准则，完善评估体系，鼓励重庆市体育产业积极运用体育领域知识产权以及其他无形资产进行融资。应支持体育无形知识产权的流通与合理配置；加强重庆市政府对无形体育知识产权的保护机制，严厉惩罚盗取他人知识产权的行为。

（二）外部系统保障

外部系统保障主要依赖于四方面的保障，包括经济水平牵引力保障、政府行政推动力保障、市场环境支撑力保障、产业政策支撑力保障。

目前，重庆市体育产业高质量发展对于外部动力系统保障依赖性较强，应提升外部动力系统保障，赓续夯实经济基础水平，推动产业融合跨界发展，推动区域协调发展，创新体育场馆运营模式；应强化政府部门推动力，加强体育市场监督，搭建公共服务平台，强化协同创新发展；应优化体育产业发展环境，促进体育资源全面开放，整合优势产业资源，营造良好营商环境；应完善落实政府保障措施，加强体育市场监督，落实减费降税政策、完善体育产业统计业务。外部系统保障如图 6 - 10 所示。

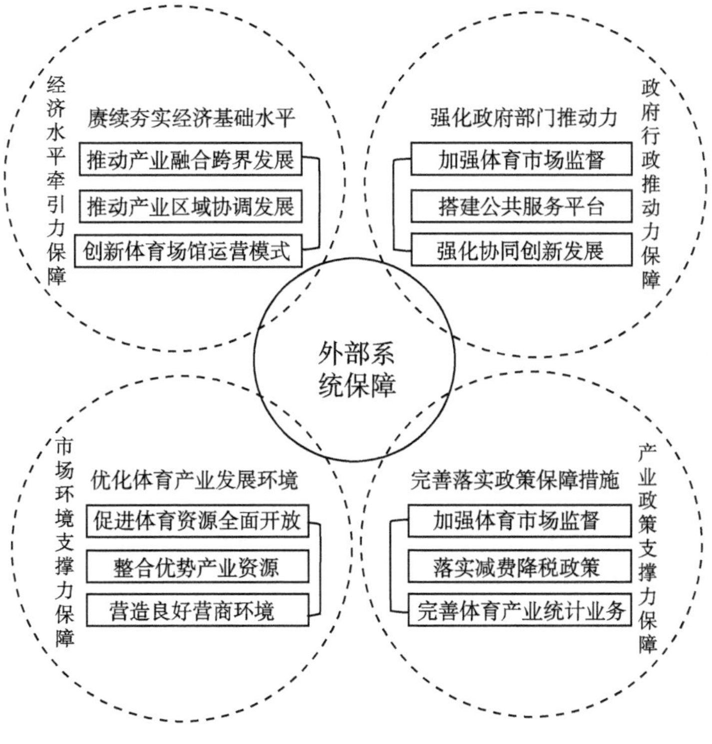

图 6 - 10　新时代重庆市体育产业高质量发展外部系统保障

1. 经济水平牵引力保障

(1) 推动产业融合跨界发展

促进“体育 +”的融合创新，进一步推动体育产业跨行业平衡发展，形成体育经济新业态、新模式。在过去几年中，重庆市体育产业在“体育 +”产业融合中已经取得突出成绩，主要体现在体育与旅游、健康、金融、科技、互联网、传媒等多个产业有效融合。在互联网、大数据等技术快速发展的大背景下,“智慧体育”成为产业发展的新趋势,重庆市体育产业应在已有成绩的基础上,继续完善电子政务平台、电子商务平台和大数据中心的服务功能,利用“互联网+”技术支持以冰雪、足球、篮球、电竞等运动项目为主体内容的智能体育赛事融合发展。

(2)推动区域协调发展

借鉴国内其他省市的典型做法,创新以运动休闲特色小镇为载体的服务综合体,以点带面,促进体育产业区域协调发展。重庆市应当因地制宜发展运动休闲特色小镇,探索与区域发展水平、资源特点和产业基础相契合的发展模式,推动体育产业区域协调发展。例如,忠县作为国内最早提出电竞小镇概念的城市之一,电竞基础设施建设相对完善,并在开办相关赛事活动方面具有丰富经验,已与腾讯签署了电竞产业合作发展协议。通过以电竞产业为核心建立运动休闲特色小镇,同时发展旅游、文化等多个产业,不仅可以促进新时代重庆市当地体育产业的发展,也可以根据核心运动项目和资源特色,多点位孵化产业项目,打造形成以运动休闲特色小镇为核心的产业聚集区,形成“体育+”产业生态圈,推动体育产业区域协调发展。

(3)创新体育场馆运营模式

从优化资源配置、充分发挥我国人口大国的人力资源优势出发,提高体育场馆服务质量为核心,增强体育场馆的市场活力和经济效益。[1] 依托政府引导,同时引入市场化经营手段,调整体育场馆运营内部结构,加强市场开发,构建体育场馆运营产业链。

2. 政府行政推动力保障

(1)加强体育市场监管

重庆市体育局 2020 年 11 月发布了《关于进一步规范体育产业市场审批管理服务措施的通知》,提到各部门应该明确各层级监管主体职责,完善体育市场相匹配的制度,形成分工明确、层次清晰的监管体系,加强事中事

---

〔1〕 杨雨龙、李芃松:《我国公共体育场馆运营的困境及改革路径探究》,载《辽宁体育科技》2022 年第 4 期。

后监管,以便营造一个安全、公平竞争的市场环境。加强重庆市体育市场监督还可从以下几个方面实施:首先,对体育产业业态进行分类监管,降低监管盲区,把体育产业分为核心产业(竞赛表演业、健身休闲业)、中介产业(体育经济与代理、广告与会展、体育传媒业等)与外围产业(体育用品制造业、体育用品销售业等)。其次,健全与产业发展相匹配的监管法律体系,完善现有法律法规,进一步加强体育产业监管力度。体育法的健全是加强体育产业监督的当务之急,可以对体育市场的监管提供依据。最后,建立信息化、多元化的监管工具,培训"互联网 + 体育市场监管"的工具应用,消除监管过程中信息收集的困难,用大数据监管提供保障。[1]

(2)搭建公共服务平台

体育公共服务平台可以兼具服务功能、管理功能与政务功能;搭建重庆市体育公共服务平台可以优化重庆市体育产业发展环境,也是把重庆市建设为体育强市的路径之一。一方面,搭建公共服务平台可以由重庆市政府体育主管部门主导,各体育产业提供资金,市场主体共同参与建设,形成优势互补、资源共享、互联互通、共同参与体育公共服务的格局;另一方面,建设健全体育信息化管理、体育在线惠民服务、体育大数据服务等平台,通过创新发展平台提升体育产业供给效率,形成体育产业发展的新模式。重庆市体育局发布了相关文件,表示重点支持体育 App、体育大数据平台开发运用。

(3)强化协同创新发展

近几年,重庆市体育产业把握创新机遇,积极推动重庆市体育产业高质量发展。重庆市体育产业应该联合政府、社会、高校、科研团队、企业多方参与体育用品研发,共同培育科技创新产品,创新服务方式,丰富创新技术。体育产业与高科技的结合,会产生奇妙的化学反应,它将继续丰富体育产业的内容和类型。例如,重庆市巴南区体育馆举办的全国艺术体操冠军赛,就是利用线上观看、线下比赛的创新方式,强化新时代重庆市体育产业协同创

---

〔1〕 参见刘蔚宇、黄海燕:《新时代我国体育市场监管体系构建的质性研究》,载《体育科学》2021 年第 9 期。

新发展。

3. 市场环境支撑力保障

(1)促进体育资源全面开放

互联网的特质是共享,利用互联网搭建重庆市体育资源平台,依托互联网资源充分利用各个软件将体育资源重新整合,可以方便快捷合理地让大众共享体育资源。掌握各资源的政府相关部门需要放开手中的资源(政策资源、土地资源、审批资源、人力资源、产业资源等),资源的充沛才会使重庆市体育产业高质量发展。

(2)整合优势产业资源

将重庆市体育产业资源集中整合,形成生态链,提高体育产业的资源配置效率;结合区县实情,打造具有山城特色的重庆市体育产业集群,形成产业集群效应,以点带面,提高重庆市体育产业经济效益;尽力打造多个国家级体育产业基地,不断增加重庆市国家级产业基地数量。

(3)营造良好营商环境

营造良好营商环境对于重庆市体育产业具有多重功能价值。想要打造良好的营商环境离不开政府部门的支持,重庆市相关部门应该积极出台与体育产业营商环境相关政策,并落实保障。相关法律制度也应当完善,并不断加强新时代重庆市体育市场执法与监督,共同营造一个公开透明的良好营商环境。

4. 产业政策支撑力保障

(1)加强财政扶持力度

重庆市政府应不断加强财政扶持力度,合理划分各区体育领域的财政权和支出责任,加强重庆市政府资金和公共预算统筹,加强政府向社会购买公共体育服务,优化体育税收相关政策、大力支持社会投资,鼓励社会资本进入体育产业领域。《重庆市体育产业发展专项资金管理办法》2020 年 7 月 23 日重庆市体育局发布《2020 年度市级体育产业发展专项资金项目申报通知》,提出重点支持体育竞赛表演类、体育健身休闲类、体育场地和设施管理类、体育培训类、体育装备类和其他服务类项目。申请项目补贴金额不超过项目投资总额的30%，最多不超过100万元。申请贴息金额不超过项目贷款利息（含财务费用）的30%，最多不超过100万元。可以看出，重庆市政府对体育产业的财政支持力度较大，这一通知的发布对新时代重庆市体育产业的发展有着促进作用。

（2）落实税收优惠政策

运用体育税收优惠来推动重庆市体育产业发展是非常重要的举措，但是《体育法》限制了体育产业税收优惠，体育产业税收优惠几乎只能依赖财税部门的政策。为实现体育产业高质量发展，必须在《体育法》中设置体育产业税收优惠准则，实现体育产业税收援助，把主动权掌握在自己手中。重庆市政府需要也应该积极落实重庆市体育产业税费政策，加强对政策执行情况的评估督查，大力吸引社会投资，鼓励社会资本进入体育事业和产业领域。

（3）完善体育产业统计

完善重庆市体育产业统计指标和统计制度，定期监测重庆市体育消费情况，建设体育产业数据库，全面掌握重庆市体育产业状况，加强对重庆市体育市场需求和消费趋势的预测、研究与判断，定期发布年度重庆市体育产业的各项统计数据，可以大大降低信息的交易、收集、分析成本，以便政府决策的实施与社会资本的进场。重庆市体育局发布的《2022年重庆市体育产业工作要点》指出，2022年将对2021年体育产业多方面数据开展调查统计，这一要点的发布更加方便新时代重庆市体育产业后续工作的开展。

五、本章小结

现阶段重庆市体育产业一直在稳步发展，具有良好的稳定性。重庆市体育产业规模稳步增长，但总体规模与全国相比太小；重庆市国家级体育示范基地与各地方相比还存在巨大差距，重庆市国家级体育产业示范基地优势不明显；重庆市人均体育场地面积与全国相比还存在一定差距。内部动力要素与外部动力要素共同促进重庆市体育产业高质量发展。重庆市体育产业对外部动动力要素依赖性较强，对内部动力要素依赖性较弱。新时代重庆市体育产业高质量发展的动力结构包括生产供给和消费需求双向驱动力、产业要素驱动力、市场环境驱动力与政府行政驱动力。新时代重庆市体育产业高质量发展需要内部动力和外部动力协同作用。这些力量的合力可以推动重庆市体育产业高质量发展。随着新时代重庆市体育产业的发展，重庆市体育产业对内部系统保障的依赖性会大大加强。

第七章　新时代重庆市体育产业高质量发展治理路径

一、新时代重庆市体育产业资源整合与构建

（一）新时代重庆市体育产业资源整合与构建思路

通过对重庆市体育产业资源现状的了解和分析，可知重庆市目前的体育产业发展方向是以一个核心为重点带动多条带状区域共同发展的路线。重庆市体育产业资源整合属于地区性产业布局，地区内各地方要根据自身条件，发挥地方优势，形成不同的产业结构；整体中心思想就是要对体育产业在空间上的具体特征进行分析，从全局进行规划，充分利用整合各个地区的资源优势，根据产业集聚理论、增长极理论、比较优势理论等，制定科学合理的资源整合规划，确定体育产业的区域发展模式工作重点，促进优势互补，避免盲目建设和浪费。本研究就是以重点的区域资源整合规划模式，根据每个体育产业功能区域的工业园区和特有资源来开展相应的体育产业。这种方式的好处有以下几点：一是可以带动当地资源和产业共同发展；二是可以方便管理，达到体育产业分布均匀的目的，不会重复建设；三是可以规划重点体育产业项目的发展，以点带面。总之，这种方式可以促进体育产业均匀发展，推动体育产业的类型多元化发展，促使产业集聚的利润开发最大化，从而协调带动整

块区域的经济发展,更好地对区域产业结构进行优化。另外,笔者认为,新时代重庆市体育产业资源整合应遵循绿色可持续发展,统筹兼顾、协调发展,产业集聚、发挥资源优势,坚持改革与创新等原则,合理规划产业布局,促进体育产业蓬勃发展。

(二)新时代重庆市体育产业资源整合各区域构建

体育产业的资源整合规划要先把各个方面的资源进行一定的集合,然后把体育产业的相关产业进行整合,这些措施对于扩大市场以及促进市场发育都是具有建设性作用的。把那些已经开展的体育产业和那些没有进行开展的体育产业进行一定的融合,协调共同发展,可以使产业之间的优势得到放大,劣势得以弥补,同时还可以大大提升资源利用率,避免一些重复建设。因此,本研究以重庆市地理区域划分体育产业功能区域(见表7-1)。

体育产业的资源整合基于原有的体育产业资源,并不是完全的重构。它是把每个地区的资源特点、产业特色以及交通建设等因素进行综合考量,进而整合规划资源,再把各个地区规划好的产业进行整合,从而得到整个重庆市的布局规划。每个地区的特色和生态环境都是当地发展特色体育产业的基础,因为每一种产业也是具有相应的特点的;找到互相最契合的点进行发展,不仅可以更好地发展相应的体育产业,还可以带动整个区域的经济发展。在规划布局的时候,应该设立自主的产业品牌,这样才可以吸引更多的社会上的科学技术以及资金投入。体育产业的规划一定要遵循资源的特点进行规划,使体育产业的发展多元化。另外,要确定当地的优势体育产业领域,明确重点工作内容,从而更好地提升产品竞争力;同时要与当地的产业更好地互补,协调稳定发展。笔者整理制作了表7-1,对重庆市体育产业区域主要资源、重点发展方向进行归纳总结。

表 7-1　新时代重庆市体育产业各功能区域规划

产业功能区域名称	空间范围	主要资源	重点发展方向
渝东南体育产业功能区域	黔江、武隆、石柱、秀山、酉阳、彭水(6)	地方人文资源、民族特色资源和自然资源丰富,土家族、苗族等少数民族聚居地,"重庆市武隆国际登山挑战赛"举办地	开发山地竞赛项目;推广武术、龙舟、舞龙等传统体育项目产业;扶持少数民族传统体育项目产业发展;开展户外运动竞赛表演、体育旅游活动,制造户外体育产品
渝东北体育产业功能区域	万州、丰都、垫江、忠县、云阳、奉节、梁平、巫山、巫溪、开县、城口(11)	长江上游特色经济走廊和国际黄金旅游带、良好的人文环境与少数民族资源	突出生态保护的体育产业发展;开发水上体育运动、登山等项目,创办各种具有国际影响力的大型水上比赛项目;依托自然资源发展重庆的体育旅游、体育竞技欣赏产业、体育健身休闲业;运动车、船等设备制造,体育游艺娱乐用品制造
渝西体育产业功能区域	江津、合川、永川、綦江、大足、铜梁、璧山、潼南、荣昌、南川、万盛(11)	渝西经济走廊自然地理条件较好,有一定的经济基础,西部重要物流中心,具有人力成本、物流通关和保税平台优势,渝新欧铁路大通道和水陆空口岸优势	重点发展体育用品业、体育健身休闲业、体育旅游业、体育会展业,同时丰富体育产业业态,进行体育用品销售与体育场馆业的开发,积极研发中高端体育用品制造与体育设施器材业,延伸体育传媒业与对外贸易,推动体育彩票网点质量建设和社区乡镇布点全覆盖
大都市体育产业功能区域	渝中、大渡口、九龙坡、南岸、江北、沙坪坝、北碚、渝北、巴南、长寿、涪陵(11)	重庆市经济、政治和文化中心,重庆市体育产业发展的主体,占据着资金、场馆、信息的优势。"长寿湖国际铁人三项赛"举办地	重点发展体育服务业、体育竞技观赏业,开发本土体育赛事经营业,开发休闲体育产业,完善体育场馆建设,体育传媒业的开发,进行体育培训服务业和对外贸易的业态延伸,培育体育文化融合发展企业,稳步发展体育彩票业

1. 渝东南体育产业功能区域

渝东南地区很多区县已经建立基础的体育产业设施,如武隆的中国户外运动基地(山地越野赛、重庆市武隆国际山地户外运动公开赛举办地)、彭水摩围山户外运动基地、秀山川河盖户外健身营地、黔江建成万米河滨绿色走廊、自行车环道等项目；打造一流的国际溪钓节；举办世界青少年水上奥运会、山地马拉松、低空跳伞、热气球项目，开展民族体育健身、森林探险旅游、休闲运动类旅游、户外生态健身俱乐部等活动，实现体旅融合，运动功能饮料生产基地也在彭水建成落地；重点发展山地户外旅游，建设山地户外运动聚集区，打造山地、户外、极限运动全产业链。渝东南应充分利用当地的文化特点以及少数民族多的优势，对赛龙舟以及垂钓等具有少数民族特色的体育产业采取大力支持的发展态度，保留传统的体育产业竞技项目。另外，由于渝东南的山林、山地、水资源比较丰富，其旅游业十分发达。酉阳在2018年共接待游客814.78万人次，旅游总收入31.37亿元，民间人文艺术和少数民族传统都是促进当地体育产业和旅游业融合发展的关键，有助于竞赛表演的宣传和影响力的提升。制造业的发达也是体育产业发展的基础，以黔江为增长点，发挥渝东南地区物流资源丰富，以及作为纺织品工业发展的聚集地、运动饮料产业基地的优势，采取以点带面的模式，将整个渝东南的体育产业推向新的高度。其具体地理位置和产业布局见表7－2。

表7－2　渝东南体育产业功能区域产业布局

地理位置	主要产业布局
彭水	体育用品制造——运动功能饮料生产基地
石柱	体育服装鞋帽制造
秀山	秀山川河盖户外健身营地
武隆	中国户外运动基地，职业体育竞赛表演活动场地，户外体育场地
酉阳	休闲健身服务、体育旅游活动
黔江	登山、攀岩、探险、漂流、民俗体育旅游活动

2. 渝东北体育产业功能区域

渝东北是重庆和我国长江沿海地区的主要交通路径，渝东北区域拥有万州的重要物资集散地，而且作为沿江一带开发出很多的水上运动项目，如奉节的水上对抗运动体验基地、漂流、急流皮艇、滑水艇、探险、攀岩、垂钓、蹦极，开州的国际摩托艇公开赛、水上休闲运动等其他区县各具特色的体育运动项目;根据产业集聚理论和比较优势理论,渝东北当前区位拥有较为丰富的自然资源,当前人们生活水平普遍提高,对于需求层次也有所变化;应结合渝东北区域的机械制造、电子信息以及制造业,为发展电竞产业奠定基础。根据增长极理论,发挥奉节区旅游资源和人均运动场地面积的优势,借助于其水上对抗运动体验基地、水上娱乐、徒步健身等竞赛项目,并依托本地的制造业和渝东北地区良好的自然人文环境和少数民族传统习俗,在渝东北重点发展休闲健身、水上运动、探险等休闲娱乐行业,满足居民的生活追求,丰富业余生活,带动当地经济的发展。其具体地理位置和产业布局见表7－3。

表7－3　渝东北体育产业功能区域产业布局

地理位置	主要产业布局
开县	体育休闲健身活动
忠县	电子竞技、体育竞赛表演
垫江	垫江迎凤湖水上运动基地、体育设备出租
丰都	体育旅游活动
万州	万州南浦水都乐园、体育游艺娱乐用品设备制造
奉节	水上对抗运动体验基地、奉节茅草坝滑雪场、休闲健身活动
云阳	云阳环湖自行车赛道、体育旅游活动
巫山	巫山大昌湖垂钓基地、运动车船等设备制造
巫溪	巫溪红池坝滑雪场、体育休闲健身活动

3. 渝西体育产业功能区域

渝西少数民族种类比较多,人数也比较多,山林资源、水资源(小溪、湖泊、河流)比较丰富,社会经济发展速度较快。重庆市政府产业规划中也确定了渝西的工业化和城镇化进程。渝西地区的装备制造业比较发达,如合川的装备制造、食品加工、纺织服装等工业。应发挥长江上游重要的航运枢纽和物资集散地的优势和纺织工业的优势,利用万盛国家体育产业示范基地、运动之城、羽毛球之乡和涪陵的户外运动、露营产业基地;促进体育用品制造业、体育用品销售业与体育场馆业的开发,发挥渝西地区人力资源、物流运输行业以及保税政策平台的优势，倡导引领体育用品企业、体育产品制造业的转型升级发展，扩大体育用品、高附加值的体育器材、运动装备、运动功能饮料、营养保健食品药品等上中下游制造企业的引进，结合地区产业优势，提高核心技术和产品的自主创新能力，研发制造并创造高端运动器材装备，深化与国内外知名体育企业合作，创造本土体育用品品牌，将本土知名体育产品推广至全国甚至全世界。同时，要把握全民健身上升为国家战略的契机，以产业基地为依托，以户外运动为重点，引导健身休闲项目健康发展，促进城市居民健身生活化，丰富健身休闲项目；鼓励渝西各区县因地制宜，利用特色自然资源，挖掘地方人文和民族特色，培育高端体育健身休闲产品，促进高端健身休闲业向专业化、功能化、品牌化方向发展。其具体地理位置和产业布局见表7－4。

表7－4　渝西体育产业功能区域产业布局

地理位置	主要产业布局
潼南	全国户外活动基地、室外体育场地设施建设
大足	大足健身器材产业园
荣昌	体育用品及相关产品制造
永川	体育旅游活动、体育场馆服务
江津	体育用品及相关产品制造
万盛	体育产业功能园区、体育竞赛表演、体育培训与教育、体育健身活动、体育场地设施建设、体育管理活动
南川	南川汽车运动训练基地、体育用品及相关产品制造
合川	体育服装鞋帽制造
铜梁	体育器械及配件制造

4. 渝中部体育产业功能区域

渝中部体育产业功能区域包含重庆主城区9个区，外加长寿、涪陵两个区县。加入长寿、涪陵，主要是因为它们处于重庆地区的中部，而且它们的经济体量、发展速度、人均年收入都与主城区相当。该区域是重庆市政治、经济、文化发展中心，成为重庆市都市区，不管是在经济、信息、场馆以及产业政策扶持上,该功能区域都有着无可比拟的优势。但是,当前重庆市城市区域体育生活化的意识薄弱、重庆都市区的体育场地不足等因素造成重庆市体育产业发展进程缓慢。因而,一是应该把握都市区的优势因素,发展竞技体育观赏,引进优质体育赛事,如中超联赛,LPL 的 snake 战队等。二是结合地方赛事资源,注重开发本土体育赛事,如汽车和摩托车相关赛事;重视休闲体育产业的开发,如汽车、摩托车、旅游、探险、游艇、帆船、马术等,不断学习发展产业的经营管理理念,培育一批高端健身俱乐部,满足城市居民对于高端健身消费的需求。三是充分利用重庆大学城的高校资源培养体育人才,奠定体育事业的基础,着力发展体育培训服务行业。四是利用主城区城市居民生活消费水平高,需求层次差异以及重庆市民热爱麻将的习惯,推广发展体育彩票业。五是完善发展体育场馆服务业,深化改革体育场馆运营管理机制。都市地区新材料和建材的制造业相对来说比较发达,原材料的制作和运输比较方便,城市居民体育场馆需求量大。其具体地理位置和产业布局见表 7 – 5。

表 7 – 5　渝中部体育产业功能区域产业布局

地理位置	主要产业布局
九龙坡	健康饮品生产基地、奥林匹克体育中心
江北	五宝生态主题小镇运动休闲基地
沙坪坝	歌乐山户外山地运动探险体验基地、王家岩体育中心、沙坪坝欧洲户外装备展示馆
渝中、江北、南岸、大渡口	体育管理服务、体育竞赛表演活动、体育健身休闲活动、体育场馆服务、体育中介服务、体育培训与教育、体育传媒与信息服务、其他体育相关服务、体育场馆设施建设
巴南	华熙体育中心、电子竞技、体育场馆服务、体育培训与教育、体育传媒与信息服务、其他体育相关服务、体育竞赛表演活动
涪陵	营养保健食品药品生产基地、体育健康服务
长寿	沙滩摩托产业基地、体育旅游活动、运动车船航空器材等设备制造

二、新时代重庆市体育产业高质量发展治理路径

（一）以发展驱动，促进体育产业结构升级

1. 以“创新”发展提高核心竞争力

创新不仅是体育产业高质量发展的内在动力，更是市场经济的外在要求。我国沿海经济发达地区体育产业市场形成早，规范化程度较高，重庆市只有不断求变、取长补短、推陈出新才有“弯道超车”的机会。首先，重庆市应以体育科技创新为基础，在国家大力推动重庆建立“西部科技创新中心”的背景下，着力提升体育制造业的科技含金量，在体育用品和体育场馆、体育设施建设上做到精益求精，更好地将经济环保和美观实用的理念有机结合起来。其次，重庆市应以体育品牌创新作为名片，打造属于重庆市自己的体育用品和体育赛事品牌，依托现有的“重庆马拉松”等成熟赛事品牌 IP，进一步打造周边体育赛事，扩大重庆赛事的影响力，打好城市名片这张牌。最后，重庆市应以体育政策创新作为支撑，为新时代重庆市体育产业高质量发展提供助力；可以借鉴其他地方相关政策，再根据重庆市体育产业的具体情况进行政策创新，确保体育产业高质量发展。

2. 以“协调”发展促进产业平衡

我国的体育产业正处于起步发展的阶段，所以在产业结构上存在不均衡。具体表现为体育产品占比过高，占到我国体育产业的八成左右，而体育服务占比则较低。由于地区之间经济发展存在不均衡，也使各地区之间的体育产业发展也存在不均衡。而身处西南地区的重庆市体育产业发展不均衡的情况比较明显，体育产业中体育服务占比极低。因此对于重庆市来说要深化供给侧改革，加大对体育服务业的投资支持，将错配的资源进行“协调”，让重庆市体育产业高质量发展少走弯路。

3. 以“绿色”发展兼顾产业与生态

生态文明建设要始终贯穿在我国的经济建设之中，体育产业的发展也不例外。随着人们生活水平的日益提高，重庆市的体育产业将迎来大幅增长，在此关键节点上，我们一定要吸取之前经济发展过程中的经验教训，将

“绿色”发展这一理念贯穿始终，兼顾发展与生态，不以牺牲环境作为体育产业发展的燃料。据重庆市旅发委统计，早在2018年，重庆全年接待游客5.5亿人次，位居全国第一。重庆作为一个“网红”旅游城市，绿水青山就是金山银山，任何破坏生态的行为都是得不偿失的。因此，重庆市在发展体育产业时，要加强体育市场内部的监督管理体系建设，开发绿色体育产品，打造绿色体育设施，实现产业与生态和谐共存。

4. 以“开放”发展实现多赢

中国经济的高速发展得益于“改革开放”政策的实施，只有以“开放”的姿态拥抱市场才能获得丰厚的回报。中国被称为“世界工厂”，国外企业利用我国低廉的劳动力降低运营成本，也为我国带来了许多就业岗位和技术，这是一个互惠互利的过程。重庆市也应该以更加开放的姿态去接纳国内外的相关体育产业，为本市的体育产业高质量发展注入“活水”。目前，重庆市在国际赛事方面积极引入“中欧篮球冠军杯”、WWE赛事（美国职业摔角），极大改善了重庆市体育赛事的氛围，丰富了重庆市人民的赛事内容。

5. 以“共享”发展惠及大众

重庆市体育产业发展较晚，其地域辽阔、地势复杂，贫困人口也较多，这在无形之中给体育产业的发展带来极大的难度，重庆市在体育产业高质量发展过程中存在两极分化的现象。《“健康中国2030”规划纲要》已经把全民健康设立为国家发展战略，对县级农村公共体育设施的建设提出了具体要求。而重庆市体育局印发的《重庆市体育产业加快发展行动计划（2018—2022年）》，以及《重庆市人民政府办公厅关于建设体育强市的实施意见》（渝府办发〔2021〕21号）也明确指出，要支持有条件的区县发展相关体育活动及产业。以上政策文件的出台无不是对“共享”发展理念最好的诠释。

（二）因地制宜，优化体育产业项目供给

1. 山地户外运动产业

随着人们体育消费的升级，户外运动的需求越来越大，其中蕴藏的经济体量巨大。重庆市山地面积占比近八成，素有“山城”之称，山地旅游资源极

为丰富,依托这一优势,近几年部分区县试点“体育＋旅游”活动取得了显著效果。江津四面山举办的“生态五项极限挑战赛”很好地整合了当地的体育和旅游资源,不仅提升了重庆市体育旅游的知名度,还带动了当地体育产业高质量发展。因而,结合重庆市丰富的山地资源优势,更应该扬长避短,大力发展区域山地户外运动产业,整合体育和旅游资源,激发新的市场需求,提供极具特色的体育旅游产品,优化体育产业项目供给。

2. 水上运动产业

在户外运动产业中,水上运动产业带来的经济效益非常可观。我国的水资源较为丰富,但是分布不均,而水上运动普及度较低,该产业的发展相对滞后。针对这一现状,国家体育总局于 2016 年年底印发《水上运动产业发展规划》,旨在推动水上运动项目和产业的发展。重庆市受制于山地地势,大型湖泊较少,但是其水上运动具有自身的特点,可以将劣势转化为优势,依托山地资源开展山地水上休闲娱乐项目,如山地漂流等。针对一些湖泊资源,则可以开展水上运动休闲主题活动。重庆开州区举办的汉丰湖水上摩托艇表演、旅游休闲运动产品展示就极具代表性,带动了开州区健身、休闲、娱乐产业的发展。随着水上运动的进一步发展,其经济潜力将逐步被挖掘,给人们的休闲运动提供更多的选择。

3. 冰雪产业

我国滑雪属于新兴体育产业,正处于快速发展时期。2015 年,北京获得 2022 年冬奥会举办权,无疑在国内掀起一股冰雪运动的热潮,给冰雪产业的发展带来新的机遇。在这一机遇背景下,重庆市也开始发力布局冰雪产业,早在 2017 年 5 月,南川区政府签订了《金佛山奥悦滑雪旅游度假项目补充协议》,目标是建设“长江以南最大冰雪运动基地”;与此同时,在武隆仙女山风景区举办了首届西南地区冰雪运动会,极大推动了重庆市冰雪项目专业化发展。重庆市冰雪产业的发展已步入正轨,接下来更要依托自身的资源优势,进一步完善冰雪旅游服务,加强设施建设,发展产业链,为消费者提供更高品质的体育服务产品。

(三)打造"智慧体育",完善体育产业服务供给

1. 互联网体育产业

"互联网 +"作为新时代工业革命的核心产物,与传统行业的结合产生了巨大的能量,不断颠覆人们的认知。随着大数据,云计算等互联网技术的不断发展,"互联网 +"与体育产业的结合也是大势所趋。重庆市在"互联网 + 体育"中不断尝试,近几年分别上线"重庆体育生活"云平台,成立"万盛市民大健康服务中心",通过市民的健康数据档案,帮助政府对全民健身问题进行精细化的管理。与此同时,重庆市还在健康信息聚合、智能穿戴设备、软件开发等方面发力,充分利用"互联网 +"技术开拓体育产业产品制造领域和消费市场,构建"互联网 + 体育"产业整体生态格局。未来,重庆市还要进一步乘着"互联网 + 体育"的"东风",紧跟时代潮流,通过互联网融合进一步优化供给。

2. 物联网体育产业

物联网是基于互联网技术更深层次的运用,是连接人与物的桥梁,随着5G 网的商业运用,"万物万联"这一未来智能生活的设想将成为现实。物联网技术已经广泛运用在我们的竞技体育训练之中,可以帮助教练员监测运动员的运动数据和表现,如物联网体育产品运动衣、足底压力传感器等。在大众休闲体育中,运动手环、手表和运动 App 也是随处可见。利用这些物联网装备,人们可以收集和处理自己的运动数据,从而实现个性化的健身。"物联网 + 体育"的想象空间不止如此,还可延伸到场馆运营以及体育培训方面。面对这一时代机遇,将物联网与体育产业进行有机结合,创造新的供给"爆点",是新时代重庆市体育产业高质量发展需要思考的问题,也是一个"弯道超车"的绝佳机会。

(四)以市场为主导,优化公共体育服务供给

1. 发挥政府功能,激发体育消费活力

重庆市根据国家体育总局发布的《"十四五"体育发展规划》《重庆市国

民经济和社会发展第十四个五年规划和二〇三五年远景目标纲要》,结合各区县制定的体育产业"十四五"发展规划,加强政府对体育产业的支持力度,推动体育产业高质量发展。政府可以通过体育产业发展低息贷款、项目补贴、政企合作等方式对符合条件的企业给予政策支持。在财政分配方面,政府可以根据实际情况酌情加大文体事业费用支出,通过政府专项资金积极引导和吸引社会对体育产业的投资,出台相关政策扶持体育产业企业,推进线上体育产业发展,促进体育产业多样化发展。要加强政企交流,根据政府需求采购相关企业服务或产品,以助力消费代替资金扶持。政府需提供良好的竞争环境和资源,减少对市场的干预,简政放权,激活市场,引导体育产业良性竞争,使体育产业供给侧结构合理化,有效推动新时代重庆市体育产业高质量发展。

另外,应充分发挥重庆市政府功能,积极开拓体育市场,引导并激发居民体育消费活力,提升人民群众的消费力与购买力;以体育市场需求为导向,提高重庆市政府举办体育赛事的积极性,通过大众媒介,广泛开展群众体育运动,提高群众对体育的认识,激发重庆市民的体育消费热情,转变消费观念;着力构建消费群体热爱的体育项目,举办运动会等体育活动增强群众体验感,引导群众感受竞技体育的魅力;有针对性地加大体育消费市场的开发力度,随着人民生活水平的不断提高,消费观念的不断转变,精神需求的加大,体育健康、体育娱乐、体育产业等都将得到进一步发展,将盘活体育经济消费活力。

2. 提高体育设施利用率,完善体育设施供给

体育设施是体育产业发展的载体,体育设施建设滞后会严重影响体育产业高质量发展。我国进入新时代,"健康中国"上升至国家战略,人们健康健身理念提升,体育设施供给不足的矛盾日益凸显且导致了一系列社会问题,对于"地无三尺平"的重庆来说,这一矛盾较为突出。完善体育基础设施建设可以推动体育消费,促进体育产业高质量发展,提升体育产业竞争力。重庆市政府应该加大对体育基础设施建设的投入,配套专项资金,简化审批手续;应该提高体育场地设施利用率,完善体育健身设施与供给,健全体育

组织体系，满足人们的健身需求，开展全民健身活动，鼓励各区县创建全民运动健身模范区，将体育表演、健身、竞赛等与旅游、贸易相结合，充分利用体育设施资源，提高综合效益。同时，重庆市各地区体育部门要结合实际情况制定体育设施管理办法，如出台《重庆市智能体育场馆补助管理办法》，积极推进全市智能体育场馆建设。另外，还应积极协调推进重庆市体育公共服务平台（渝快运动）分工任务，推进新时代重庆市数字体育转型升级等。

3. 创造良好市场环境，扶持体育企业与人才发展

体育产业的发展不仅离不开政府的资金支持，还离不开法律法规、政策制度层面的支持。完善的法律法规，一方面可以监督各个体育企业的行为，另一方面可以使整个体育产业规范化、合法化，营造良性的竞争环境。只有这样，才能激发企业的激情与活力，才能提高政府资源配置的效率。重庆市政府也需要进一步加快相关法律法规的修订与完善，为体育产业提供良好的发展土壤。

首先，重庆市政府应积极抓好成渝地区双层经济圈建设，提升重庆市体育产业高质量发展附加值，改善体育科技人才的发展环境，加大对体育产业的扶持力度，加快重庆市体育产业高质量发展的步伐。其次，重庆市政府应积极通过科学技术、财政拨款以及各项措施为新时代重庆市体育产业高质量发展营造优质的市场经济基础，为体育产业高质量发展增添动力。

（五）“体育＋教育”，加快体育产业人才供给

1. 依托高校，加强后备人才培养

2021年中共中央、国务院印发了《成渝地区双城经济圈建设规划纲要》，该纲要指出，要共享教育文化体育资源，共同推进体育事业发展。重庆市具有丰富的高校资源，有60余所大学，排在全国第五位；完善的体育设施和优质的教育资源，为培养高素质的体育人才提供了土壤。近几年，重庆市开始在“体育＋教育”方面持续发力，先后认定了14所市重点业余体校、84个市级体育后备人才单项训练基地、30所市级青少年体育俱乐部，为体育后备人才的培养打下了坚实基础。接下来，重庆市应进一步深化“体育＋教

育"融合,充分发挥高校优势,为体育事业发展"1 +5"计划提供人才支撑,延伸体育产业链。

2. 补齐体育学科建设短板,提高人才队伍质量

随着体育产业的不断发展,传统的体育学科已经满足不了当下市场的需求,体育传媒、体育产业等新兴学科不断兴起。近年来,重庆市虽然完成了体育人才库的建立、200 余名优秀体育苗子入库等工作,但是高校体育新兴学科的建设是相对滞后的,现有人才供给处于真空状态。重庆市要进一步补齐学科短板,促进人才质量提升:一是充分挖掘"体育 + 教育"的价值,加强体育产业专业人才的建设,增加人才实践基地以培养高质量的应用型人才。二是学习国内外优秀的培养模式,积极开设体育培训机构,培养较高水平的体育竞技人才及优质的体育健身服务教练员和工作人员,着重培养高素质体育商业化运作的综合性管理人才,发布与体育高质量发展相关的人才激励政策,挖掘体育圈内的优秀人力,建立多层次的体育人才奖励体系,培育对体育发展规律和市场需求变化敏感的复合型人才。三是加大对高校体育科研经费的投入,鼓励重庆市各高校积极申报有关体育产业高质量发展的专业,激发培养体育产业人才队伍的主动性。四是改革专业运动员培养系统,实现人才培养机制的转型,使退役运动员的数量、质量和结构与体育产业系统相吻合,实现退役运动员安置最优化,充实体育产业人才队伍。

(六)改善动力机制,加快体育产业高质量发展

重庆市应改变以外部动力要素为主、内部动力要素为辅的局面,推动内部动力、外部动力协调发展,坚持内部系统和外部系统共同保障,不断提升内外部系统保障水平。具体而言,从生产供给推动力、消费需求牵引力、要素支撑力三方面入手提升内部系统保障,保障体育产业转型升级以及体育消费水平、产业协同创新能力提升;从经济水平牵引力、政府行政推动力、市场环境支撑力、产业政策支撑力四方面入手提升外部系统保障,持续夯实经济基础、强化政府部门推动作用、完善落实政策保障措施、优化体育产业发展环境,加快体育产业高质量发展。

参考文献

[1] Guangning TANG, SWOT Analysis on China's Sports Industry and Its Developing Strategy, 401 Journal of Shenyang Sport University 410 (2012).

[2] Saaty T L, The Analytic Hierarchy Process, McGraw Hill, 1980, p. 24.

[3] Tim Padmore, Hervey Gibson Modelingsystem of innovation: Ⅱ. A framework forindustrial cluster analysis in regions, 625 Research Policy 641 (1998).

[4] 鲍明晓:《论场景时代的体育产业》,载《上海体育学院学报》2021 年第 7 期。

[5] 钞小静、薛志欣:《新时代中国经济高质量发展的理论逻辑与实践机制》,载《西北大学学报(哲学社会科学版)》2018 年第 6 期。

[6] 陈佩杰:《科技创新助力体育强国建设》,载《中国体育报》2019 年 9 月 18 日。

[7] 陈雯雯:《基于灰色关联分析的上海市体育产业发展影响因素研究》,上海体育学院 2020 年硕士学位论文。

[8] 陈萱、黄春娟:《国外知识可视化研究的现状与启示——基于 Citespace 和 Vosviewer 的知识图谱分析》,载《大学图书情报学刊》2015 年第 4 期。

[9] 陈悦、陈超美等:《CiteSpace 知识图谱的方法论功能》,载《科学学研究》2015 年第 2 期。

[10]程林林、李秦宇、陈鸥:《我国体育经济“学术流派”的由来与现状解构:兼论中国体育产业的高质量发展》,载《成都体育学院学报》2019 年第 4 期。
[11]丛湖平:《体育产业高质量发展与体育消费升级》,第十一届全国体育科学大会论文,2019 年 11 月于南京。
[12]丁正军、战炤磊:《新时代我国体育产业高质量发展的综合动因与对策思路》,载《学术论坛》2018 年第 6 期。
[13]郭晗、任保平:《新时代我国体育产业的高质量发展:逻辑生成与路径选择》,载《西安体育学院学报》2020 年第 3 期。
[14]国家体育总局体育经济司:《新中国体育产业工作发展研究》,载《体育文化导刊》2019 年第 10 期。
[15]汉典:《动力》,载百科网 2014 年 5 月 25 日,https://baike. baidu. com/item/动力/891484? fr = aladdin。
[16]汉典:《要素》,载百科网 2014 年 5 月 25 日,https://baike. baidu. com/item/要素?fromModule = lemma_search – box。
[17]胡福金:《武术研究热点可视化分析研究》,山东师范大学 2019 年硕士学位论文。
[18]花蕊:《我国体育产业集群的形成及影响因素分析》,载《河北体育学院学报》2010 年第 3 期。
[19]黄海燕、康露:《新时代体育产业高质量发展的理论逻辑与实施路径》,载《体育科学》2022 年第 1 期。
[20]黄海燕:《我国体育产业新阶段特征及发展趋势》,载《体育学研究》2018 年第 4 期。
[21]黄奕伟:《山东省体育产业高质量发展的动力机制研究》,曲阜师范大学 2020 年硕士学位论文。
[22]黄媛梅:《重庆汽车产业集群竞争力研究》,重庆大学 2006 年硕士学位论文。
[23]江国平:《体育科学研究 2015—2020 年载文及作者情况分析》,载《体育科学研究》2021 年第 5 期。
[24]江珊:《我国区域体育产业竞争力的实证分析》,华中师范大学 2017 年硕士学位论文。
[25]康露、黄海燕:《新时代体育产业高质量发展指数设计与实证》,载《中国体育科技》2022 年第 1 期。

[26]兰自力:《我国体育产业高质量发展的若干问题思考》,第十一届全国体育科学大会论文,2019 年 11 月于南京。
[27]李荣日、刘宁宁:《理论框架与逻辑通路:我国体育产业高质量发展研究》,载《天津体育学院学报》2020 年第 6 期。
[28]李旭、梁旭鹏、王樱桃:《重庆市体育产业资源现状及整合模式研究》,载《当代体育科技》2020 年第 23 期。
[29]梁树广、马中东等:《基于钻石模型的区域制造业质量竞争力评价》,载《统计与决策》2020 年第 23 期。
[30]梁秀娟:《科学知识图谱研究综述》,载《图书馆杂志》2009 年第 6 期。
[31]刘兵、董春华:《体育产业集群形成与区域发展关系研究》,载《体育科学》2010 年第 2 期。
[32]刘兵、芮明杰:《专业化分工视角下的体育产业集群发展》,载《上海体育学院学报》2009 年第 2 期。
[33]刘晨月:《中国冰雪运动企业空间格局演化特征及影响因素研究》,载《武汉体育学院学报》2022 年第 2 期。
[34]刘佳昊、石颖:《深化供给侧结构性改革推动体育产业高质量发展》,载《中国物价》2019 年第 11 期。
[35]刘亮、吕万刚:《新时代我国体育产业高质量发展的理论探赜与问题论域》,载《北京体育大学学报》2021 年第 7 期。
[36]刘蔚宇、黄海燕:《新时代我国体育市场监管体系构建的质性研究》,载《体育科学》2021 年第 9 期。
[37]刘则渊、陈悦、侯海燕:《科学知识图谱:方法与应用》,北京人民出版社 2008 年版。
[38]龙盈利:《我国体育产业政策有效性研究》,华侨大学 2018 年硕士学位论文。
[39]卢金逵:《区域体育产业竞争力评价与实证研究》,华东师范大学 2009 年硕士学位论文。
[40]毛乃婧:《成都市体育产业的结构分析与优化对策》,成都体育学院 2017 年硕士学位论文。
[41]孟宇:《灰色关联分析与多元线性回归实时洪水预测模型——以辽河绕阳河流域东白城子站为例》,载《中国防汛抗旱》2021 年第 10 期。

[42]苗亚静:《科技论文中基金项目多重标注归因分析及对策研究》,载《宝鸡文理学院学报(社会科学版)》2013 年第 4 期。
[43]任哲:《基于知识图谱的我国公共体育服务供给研究可视化分析》,载《南京体育学院学报(社会科学版)》2016 年第 5 期。
[44]史喜凤:《四川省体育产业高质量发展动力机制及路径研究》,成都体育学院 2021 年硕士学位论文。
[45]王飞:《标志性体育赛事多元互动高质量发展的质性研究》,载《沈阳体育学院学报》2022 年第 2 期。
[46]王晓慧:《中国经济高质量发展研究》,吉林大学 2019 年博士学位论文。
[47]王雪莉、付群、郑成雯:《中国体育产业高质量发展的现实挑战与路径探索》,载《北京体育大学学报》2020 年第 1 期。
[48]王钟云、张剑利:《健康中国背景下浙江体育产业高质量发展研究》,载《浙江体育科学》2019 年第 3 期。
[49]吴超林、杨晓生:《体育产业经济学》,高等教育出版社 2004 年版。
[50]夏正清、朱建明等:《基于科学知识图谱的我国全民健身研究热点与趋势分析》,载《山东体育学院学报》2017 年第 1 期。
[51]徐开娟、黄海燕等:《我国体育产业高质量发展的路径与关键问题》,载《上海体育学院学报》2019 年第 4 期。
[52]薛琨:《山东省体育产业竞争力影响因素研究》,载《山东体育科技》2014 年第 4 期。
[53]薛昭铭、刘东升、马德浩:《体育产业高质量发展系统动力机制模型建构与现实考察》,载《沈阳体育学院学报》2020 年第 2 期。
[54]杨强:《中国体育产业区域竞争力评价》,天津财经大学 2016 年硕士学位论文。
[55]杨雨龙、李芃松:《我国公共体育场馆运营的困境及改革路径探究》,载《辽宁体育科技》2022 年第 4 期。
[56]叶明飞:《合肥市庐阳区老年人健身参与和体育消费现状的调查分析》,载《西部体育研究》2014 年第 4 期。
[57]余文禄、方园园:《基于知识图谱的我国中小学体育研究领域可视化分析》,载《山东体育科技》2021 年第 4 期。
[58]张峻夤:《促进体育产业高质量发展的财政政策研究》,江西财经大学 2021 年博

士学位论文。
[59]张亮:《我国体育产业高质量发展机制研究》,吉林大学2022年博士学位论文。
[60]张欣:《基于模糊理论的体育产业竞争力评价》,载《广州体育学院学报》2017年第1期。
[61]张毅恒、柳鸣毅:《基于知识图谱的中国体育产业研究可视化分析》,载《中国体育科技》2016年第1期。
[62]重庆市人民政府:《关于印发重庆市全民健身实施计划(2021—2025年)的通知(渝府发〔2022〕20号)》,载重庆市人民政府网2022年3月11日,https://www.cq.gov.cn/zwgk/zfxxgkml/szfwj/qtgw/202203/t20220318_10525985.html。
[63]重庆市体育局产业处:《关于命名劲浪重庆体育用品有限公司等6家单位为重庆市体育产业基地的通知(渝体〔2021〕337号)》,载重庆市体育局网2021年12月27日,http://tyj.cq.gov.cn/zwxx_253/tzgg/202112/t20211228_10240134.html。
[64]周文、李思思:《全面理解和把握好高质量发展:内涵特征与关键问题》,载《天府新论》2021年第4期。
[65]左军:《层次分析法中判断矩阵的间接给出法》,载《系统工程》1988年第6期。
[66][美]迈克尔·波特:《国家竞争优势》(第11版),李明轩、邱如美译,华夏出版社1997年版。
[67]林相宇:《区域体育产业竞争力评价模型构建及实证研究》,成都体育学院2022年硕士学位论文。
[68]高乐:《我国休闲体育产业高质量发展评价及其影响因素研究》,山西财经大学2021年硕士学位论文。
[69]杨玉兰:《资源型经济转型背景下山西省体育产业高质量发展的动力机制研究》,山西财经大学2021年硕士学位论文。
[70]徐志峰:《竞争优势理论下长沙市体育产业发展的竞争力研究》,湖南师范大学2017年硕士学位论文。
[71]刘贯飞:《基于层次分析法的四川省体育产业竞争力的研究》,西南财经大学2013年硕士学位论文。
[72]孙斌:《基于因子分析法的四川省休闲体育产业竞争力研究》,西南交通大学2012年硕士学位论文。